LISHIDE
JIANZHENG
WENWULIDE
ZHONGHUAMINZUGONGT
GUSHI

历史的见证

文物里的中华民族共同体故事

霍巍 主编

姜伊 王文波 副主编

青海出版传媒集团
青海人民出版社

图书在版编目（CIP）数据

历史的见证：文物里的中华民族共同体故事 / 霍巍主编 . -- 西宁：青海人民出版社，2023.10（2025.5 重印）
ISBN 978-7-225-06547-2

Ⅰ . ①历… Ⅱ . ①霍… Ⅲ . ①历史文物—中国—通俗读物 Ⅳ . ① K87-49

中国国家版本馆 CIP 数据核字（2023）第 125659 号

历史的见证

——文物里的中华民族共同体故事

霍　巍　主编

出 版 人　樊原成
出版发行　青海人民出版社有限责任公司
西宁市五四西路 71 号　邮政编码：810023　电话：（0971）6143426（总编室）
发行热线　（0971）6143516 / 6137730
网　　址　http://www.qhrmcbs.com
印　　刷　青海新华民族印务有限公司
经　　销　新华书店
开　　本　890 mm × 1240 mm　1/32
印　　张　9.875
字　　数　212 千
版　　次　2023 年 10 月第 1 版　2025 年 5 月第 4 次印刷
书　　号　ISBN 978-7-225-06547-2
定　　价　59.80 元

序　言

2019年9月，习近平总书记在全国民族团结进步表彰大会上的重要讲话指出，“我们辽阔的疆域是各民族共同开拓的”，“我们悠久的历史是各民族共同书写的”，“我们灿烂的文化是各民族共同创造的”，“我们伟大的精神是各民族共同培育的”，“一部中国史，就是一部各民族交融汇聚成多元一体中华民族的历史，就是各民族共同缔造、发展、巩固统一的伟大祖国的历史”。要“以铸牢中华民族共同体意识为主线做好各项工作”，“不断增强各族群众对伟大祖国、中华民族、中华文化、中国共产党、中国特色社会主义的认同”。

习近平总书记强调，“文化是一个民族的魂魄，文化认同是民族团结的根脉”。铸牢中华民族共同体意识，核心的是要寻找中华民族共同的根系，这是维系中华文明五千年连绵不绝、各民族紧密相拥的内在的和永恒的力量。我国著名考古学家宿白先生曾经指出 :“中国是一个多民族的国家，中华民族是以汉族为主体，和许多民族经过长期融合而逐步形成的。中华民族创造的灿烂的古代文化，使中国成为文明发达最早的国家之一，这是各民族共同努力的结果，从某一个角度讲，这也是中华民族相互影响交流的结果。”①

认识中华民族共同体的形成过程，传世的文献记载固然能够提供一些重要的线索，现代的民族志调查资料也是我们可以依靠的重要资源，但也存在着一定的局限性。比如，在二十四史这样的传世文献当中，汉族史家往往难以避免以“四夷”的眼光来观察和描述汉族周边的各个少数民族，甚至还有一些片面、谬误的记载也掺杂其中。对于历史上已经消亡的一些古代民族，文献上的记载极为简略或者缺失无存，现代民族志和民族学的调查也无法复原其真实的面貌。相比之下，地下出土的考古实物和现存于世的各民族文物，却是我们认识历史、探索历史和见证历史重要的知识来源和科学依据。这些实物材料和文献记载往往可以互为印证、互为补充，共同书写中华民族共同体意识形成和中华文明多元一体格局的重要篇章。

习近平总书记高屋建瓴地阐释了考古学的特殊价值与意义 :“考古成果还说明了中华民族和中华文化多元一体、家国一体的形成发展过程，揭示了中国社会赖以生存发展的价值观和中华民族

① 宿白：《考古发现与中西文化交流》，北京：文物出版社，2012 年，第 2 页。

日用而不觉的文化基因。这些重大成就为我们更好研究中华文明史、塑造全民族历史认知提供了一手材料，具有十分重要的政治、文化、社会、历史意义。”

渗透在文物里的中华民族共同体故事，是非常丰富多彩的。如好太王碑、嘎仙洞祭祖石刻、唐蕃会盟碑、《大唐天竺使出铭》摩崖刻铭、南诏德化碑、土尔扈特全部归顺记碑等；有的反映宏大历史背景和历史叙事，有的反映出各边疆民族及其地方政权与中央王朝和祖国内地之间的密切关系；有的则是中外文化交流路线的可贵物证；还有的则反映了各民族人民心向祖国的重大历史事件。这些宝贵的文物为我们展现出一幅幅祖国历史上多民族交往交流交融的动人画卷。

有的文物从不同的角度、不同的层面，以不同的方式再现了当时各民族人民的日常生活片段，从中体现出当时的礼乐制度、日常器用、服饰衣冠、语言文化等社会精神文化与物质文化的内涵，并以各个方面的具体细节，客观而翔实地展示出各民族之间彼此交往、相互影响、融合的科学证据和历史轨迹，从中体现出“中华民族日用而不觉的文化基因”。本书所入选的一百件文物，如同中华多民族交往交流交融历史上的一个个缩影，其中既有生活器具，也有绘画艺术，还有服饰、建筑，宏微并举，透物见人，真实而生动地讲述着文物中的中华民族共同体故事，让人们从中去感悟和体会中华多民族文化的博大精深。

中共中央宣传部、中共中央统战部、教育部、国家民委建立的四川大学铸牢中华民族共同体意识研究基地，是四部委在全国建立的十五家重点研究基地之一。本基地自获批成立以来，一直致力于整合四川大学历史学、考古学、民族学等多学科优势，从理论构建、学术创新和具体实践入手，承担着中华民族聚合、演进的历史规律和特点研究、各兄弟民族融入中华民族共同体的历史与现实研究等重大课题的实施。而考古学、文物学和博物馆学等学科，长期以来是四川大学的优势学科，运用考古学和文物学的理论、方法和手段开展以西南地区为中心的多民族文化研究，也是四川大学长期以来形成的学术特色之一。此次与青海人民出版社合作，以四川大学四部委铸牢中华民族共同体意识研究基地为学术支持，由四川大学考古文博学院、四川大学中国藏学研究所共同承担本书的撰著工作，也体现出我们长期以来的研究宗旨和服务社会之抱负。

希望通过这样一本图文并茂、雅俗共赏的小书，回顾历史，放眼未来，让中华民族大家庭中的各民族更加紧密地团结在一起，为实现中华民族伟大复兴的中国梦而踔厉奋发、勇毅前行！

霍　巍

四川大学杰出教授、四川大学中国藏学研究所所长

四部委铸牢中华民族共同体研究基地主任

2023年1月19日

目录

一

岱海遗址群

岱海遗址群位于内蒙古自治区乌兰察布市西南部的凉城县境内，地处内蒙古中南部，20 世纪 80 年代考古发现，包括王墓山遗址、老虎山遗址、园子沟遗址等。岱海地区北抵阴山脚下，南邻山西省和陕西省，处于我国北方季风尾区及其边缘，其气候特征使之成为农牧交错带和东西部的转换地带。该区域地貌较为复杂，包括山地、丘陵、平原、沙地等，岱海作为内蒙古自治区内陆湖，又为该地区带来了较为湿润、温暖的气候。在距今数千年前，岱海的面积更大，该地气候较今天更为适宜人类生活，这使得当时生产力水平有限、改造自然能力有限的其他地区的古代先民迁徙到此，形成了一批在遗物、遗迹上具有很强特色的新石器时代遗址，中华民族共同体的形成趋势已在其中体现。

据考古学家研究，岱海地区史前考古学文化的发展与演变轨迹与其他地区相比，具有特殊规律，这与该地的生态环境息息相关。在距今约 7000—5000 年适宜发展农业的暖湿环境中，中原地区的原始农业人群率先北上此地，形成了与中原地区同时代遗存较为一致的文化面貌。此时人群已经开始定居，且出现半地穴式的建筑；而在该地气温下降之后，则出现了文化断层，后出现的文化表现出从农业逐渐向半农半牧型经济发展的趋势，这可能也为此后北方民族的形成埋下了伏笔。总体而言，在气候温暖湿润时，中原文化北上，东部文化西进；在气候转冷时，本区域文化南下和东进。我们可以从岱海地区新石器遗址中看到自然环境对人类活动的深刻影响，而人群的迁徙也就促进了文化的传播。

在岱海遗址群之一的王墓山遗址中，曾发现了火种罐，使用这种火种罐可以减少钻木取火的次数，是当时更为先进的工具，而在山西和河南的仰韶文化遗址中也出现了器型类似的火种罐，足可见人群迁徙带来的文化流动。不只是火种罐，还有许多陶器反映出了多种新石器时代文化交织的面貌，考古学家将鼎、鬲、筒形罐视为中国北方三大文化区的标识物，从这三类陶器入手，可以窥见各文化所代表的人群在这一区域的势力消长。先后在仰韶时代、龙山时代、早期青铜时代，岱海地区的出土器物均在不同程度上体现出今山西、陕西、河南、河北等地的古代先民参与的痕迹。而从生业形态来看，在新石器时代这里便同时存在农耕文化与游牧文化。这些现象的背后是生态环境的演变，以及其促成的中原文化向边地的传播，更有边地文化与中原文化的交融。

由此可见，多种因素促成了中华民族共同体的形成，沧海桑田，世事变幻，如今沙土下掩埋的陶片，是中华民族共同体源远流长的无言见证。

参考文献

[1] 乌盟文物站凉城文物普查队 :《内蒙古凉城县岱海周围古遗址调查》,《考古》1989 年第 2 期。

[2] 田广金 :《论内蒙古中南部史前考古》,《考古学报》1997 年第 2 期。

[3] 富宝财 :《内蒙古中南部新石器时代的社会形态——以岱海地区为例》,《草原文物》2017 年第 2 期。

[4] 张瑞强 :《环境视域下新石器时代晚期内蒙古中南部农业研究——兼论早期畜牧业的起源》,《农业考古》2022 年第 1 期。

二

仰韶文化彩陶器

仰韶文化是我国新石器时代中期分布在黄河中游地区的重要考古学文化，其持续时间约在公元前5000年至公元前3000年。此件新石器时代人面鱼纹彩陶盆，1955年出土于陕西省西安市半坡遗址、现藏于中国国家博物馆的人面鱼纹盆是仰韶文化彩陶器代表。该盆高16.5厘米，口径39.8厘米，由细泥红陶制成，敞口卷唇，口沿处绘间断黑彩带，内壁以黑彩绘出两组对称人面鱼纹。人面呈圆形，头顶有似发髻的尖状物和鱼鳍形装饰。前额右半部涂黑，左半部为黑色半弧形。眼睛细而平直，似闭目状。鼻梁挺直，呈倒立的“T”字形。嘴巴左右两侧分置一条变形鱼纹，鱼头与人嘴外廓重合，似乎是口内同时衔着两条大鱼。另外，在人面双耳部位也有相对的两条小鱼分置左右，从而构成形象奇特的人鱼合体。在两个人面之间，有两条大鱼作相互追逐状。

瑞典地质学者安特生在北洋政府任农商部矿政顾问期间，对古生物学和考古学颇感兴趣。1920 年，地质调查所的刘长山在河南省渑池县仰韶村采集到了大量磨制石器，这一发现引起了安特生的注意。安特生决定在 1921 年 10 月起在仰韶村开展考古发掘工作，共发掘 17 个地点。仰韶文化因发现地点仰韶村而得名，这是中国确认的第一个考古学文化，而这次发掘也是在中国开展的第一次科学的考古发掘，仰韶遗址的发掘被视为中国现代考古学的发端，至 2021 年即为中国现代考古学百年。

由于当时在中国境内尚无其他考古材料可供对比，安特生认为仰韶村出土的彩陶器与中亚地区的安诺彩陶类似，为了解决两者之间是否存在传播的问题，安特生在 1923 年又前往甘肃和青海，发掘了包括马家窑在内的数个遗址，在次年提出仰韶文化西来的假说。这一结论引起了中国学者的质疑，1926 年，李济主持发掘山西西阴村遗址，其发掘目的之一也是驳斥安特生提出的这一假说。20 世纪 40 年代，夏鼐在甘肃开展齐家文化遗址的发掘，发现了齐家文化晚于仰韶文化的地层学依据，彻底推翻了安特生此前提出的西来假说。此后中国学者围绕仰韶文化先后开展多次考古工作。新中国成立后，石兴邦在西安半坡遗址区分出了仰韶文化的早期类型半坡文化。20 世纪 70 年代，陕西汉中李家村遗址的第一批碳 -14 测年数据公布，其年代早于仰韶文化，这有力地说明仰韶文化是中国本土形成发展的新石器文化。

仰韶文化彩陶是这一考古文化的标志性手工业遗存。彩陶器的制作多采用泥条盘筑法，再经慢轮修整，器表光滑。陶器种类多有盆、碗、罐、小口尖底瓶等，各地流行的器型有所不同。由于使用氧化焰燃烧，器身微微呈现红色。彩陶图案多为红色或黑色，也有施加白色或红色的陶衣。

彩陶上的图案也丰富多样，形成了多种抽象的鱼纹和鸟纹，在不同地区不同时代具体表现形式也略有不同，除了较为抽象的图像以外，也有较为具象的表达。

仰韶文化彩陶器源自中国古代先民对世界的观察，彩陶纹饰渐趋抽象化和装饰性，具有很强的韵律美和形式美。这些纹饰也从侧面反映了古代先民的精神世界，凝结着远古先民的图腾崇拜和对世界万物的认知。

仰韶文化分布在黄河中游的诸多地区，即便在交通并不发达的古代，仍然发展出了普遍存在的彩陶文化，这恰是中华文明灿烂如满天星斗的物质文化写照。

参考文献

[1] 安志敏：《仰韶村和仰韶文化——纪念仰韶文化发现 80 周年》，《中原文物》2001 年第 5 期。

[2] 李友谋：《仰韶文化与中国古代文明》，《中原文物》2002 年第 3 期。

[3] 余晓凡：《仰韶文化彩陶的符号学解构》，《陶瓷研究》2018 年第 5 期。

[4] 马龙：《仰韶文化百年学术史（1921—2021 年）》，《华夏考古》2022 年第 3 期。

三

龙山文化黑陶礼器

蛋壳黑陶高柄杯乃龙山文化黑陶礼器代表。此杯为泥质黑陶，通高 19.5 厘米，口径 4.7 厘米，1973 年在山东日照东海峪出土，现藏于山东省文物考古研究院。造型细高，上部呈喇叭形口、深腹、圆底杯形，下加细长柄，柄中部凸起一段作鼓腹状，表面布满竖向细小镂孔，整齐匀和，柄下端为圆足形座，腹部饰有弦纹。造型别致秀美，制作精巧，杯身最薄处不足 0.5 毫米，令人惊叹。通体透着黑色光泽，质感细腻温润，散发高雅气质，堪称绝代之作，是古代陶艺的精华。

1928年，考古学家吴金鼎在山东章丘龙山镇的城子崖发现了一些黑色陶片等遗物，与仰韶文化出土的红陶和彩陶明显不同，凭借考古学家敏锐的洞察力，他确切认定此遗址包含层具有重大意义。

1931年，梁思永在河南后冈开展发掘工作，在这里发现了由上而下分别为小屯、龙山和仰韶的地层堆积，这就是中国考古学史上著名的“后冈三叠层”。由此确定了商文化、龙山文化和仰韶文化的年代序列。1934年，由梁思永主持编写的中国第一本田野考古发掘报告《城子崖——山东历城县龙山镇之黑陶文化遗址》出版。

龙山文化的发现是中国考古学史上浓墨重彩的一笔，亦是我国新石器时代晚期的重要考古学文化，其文化类型众多，地域分布广泛。其中发现的黑陶更是在发现之初便被识别为该考古学文化的标志性遗物，在黑陶中又以蛋壳黑陶的制作难度最大。“蛋壳陶”因其陶胎薄如蛋壳而得名，器物表面黝黑光亮，造型小巧精致，集中发现于山东地区的典型龙山文化遗址。在大汶口文化晚期的遗物中有一种黑陶高柄杯，其年代要早于龙山文化，这种器物的陶胎也比较薄，学界普遍认为“蛋壳陶”与这种陶器有关，是在此基础上发展产生的。

“蛋壳陶”均为细泥质的黑陶，陶胎质地纯净，不含杂质。陶器的口沿处最薄，一般厚度为0.5毫米。用于承重的器柄和底座质地较厚，一般也不超过1—2毫米。有学者总结：“器身高度最高不超过25厘米，重量多数为50—70克。”足见“蛋壳陶”器物的精巧轻盈。从器物的盘口、底座等处可以看到细密的同心圆轮纹，这是快轮加工的痕迹。人类制作陶器经历过三个阶段，分别为泥条盘筑法、慢轮和快轮，仰韶时期的彩陶还主要由泥条盘筑法制作，再以慢轮修整。而龙山时代的“蛋壳陶”陶胎如此轻薄，这对快轮轮盘的稳定性等有很高的要求。为了达到陶胎薄如蛋壳的目的，还需对轮制的陶坯进行再加工，而后再将陶器的各部分组装起来。

“蛋壳陶”发现数量较少，而且由于其器体轻薄并不适合日常使用。学者们据此推测，“蛋壳陶”是从实用器物中来，但是蜕变为一种另有他用的独特器物。此类器物多出土于墓葬，而且这些墓葬规模相对较大，出土的随葬品也显示墓主较为富有，因此“蛋壳陶”很有可能是一种具有礼仪性质的器物。

在龙山时代，族群与聚落间的融合与冲突可能达到一个高峰期，社会已经出现了等级与分层，为了维护这种秩序，“礼”应运而生，也在人群使用的器物上有所表现。此时人类社会尚处于铜石并用时期，还未形成商周时期严谨的青铜礼乐制度，然而“蛋壳陶”似乎说明所谓“礼器”的起源颇早，新石器时代各地出现的陶礼器和玉礼器是中华大地上“礼”普遍出现的物质标志。

参考文献

[1] 杜在忠 :《试论龙山文化的“蛋壳陶”》,《考古》1982 年第 2 期。

[2] 李玲玲:《先秦时期陶、玉、青铜三大礼器谫论》,《中原文化研究》2014 年第 4 期。

[3] 徐大江 :《从陶质礼器看夏文化的形成》,《中国陶瓷》2019 年第 9 期。

四

红山文化玉龙

红山文化玉龙代表“中华第一龙”，发现于1971年的内蒙古自治区翁牛特旗三星塔拉遗址，由当地村民采集，现藏于中国国家博物馆。这件玉龙由墨绿色的岫岩玉制成，高26厘米，龙的造型简洁明快，雕琢精美，表面光滑。龙有长吻，鬣鬃飞扬，身体蜷曲呈“C”形，被列为禁止出国（境）的展览文物。

20 世纪初，日本人鸟居龙藏在今内蒙古自治区赤峰市境内先后三次开展考古调查。此后的四十余年间，又有外国人多次在此地进行考古发掘工作。其中，日本学者滨田耕作、水野清一主编了《赤峰红山后》一书。中国学者佟柱臣也曾在赤峰考察，并发现了多处红山文化遗址。

1954 年，考古学家尹达正式提出为“红山文化”定名，此后新中国的考古学家又多次对内蒙古和辽宁等地的红山文化遗址展开考古调查和发掘工作，人们对红山文化的认识不断加深。红山文化的年代约在公元前 4000 至公元前 3000 年，是我国北方地区较为重要的新石器时代考古文化，红山文化遗址分布于内蒙古、河北和辽宁等地，红山文化先民主要从事农业，手工业水平很高，制陶工艺发达，有引人注目的玉器制作技术，其中有一件玉龙更引起了广泛关注。

龙是一种中国古代先民想象出的神兽，时至今日仍然是中华文明的重要图腾，海内外的中华儿女也以“龙的传人”自称。关于龙的起源问题，如今仍众说纷纭，这件红山文化玉龙为这一神兽的创造源起提供了重要实物证据。

除了这件玉龙，各地的红山文化遗址中还出土了其他精美的玉器，如斜口筒形玉器、勾云形器、玉龟、玉猪龙等。这些玉器的造型别致，其中一些为红山文化所独有，玉器也多出土于墓葬，而且很多墓葬仅以玉器作为随葬品。这些玉器不仅反映出当时发达的制玉水平，更是当时人们思想的物质载体。有学者认为，这些种类多样的玉器反映出当时的原始宇宙观，以及在此基础上形成的萨满式宗教和仪式系统。这些玉器很有可能是当时人们用来通神的工具。在著名的红山文化遗址——牛河梁遗址中，还发现了祭坛、积石冢、“女神庙”和举行大型仪式的建筑，这些都是当时思想文化的反映。这些玉器和建筑遗址也体现出红山文化时期可能已经出现了社会分层，有部分人群实现了对经济生产工具的大量占有，并具有意识形态方面的重要权力，从而形成了大规模的社会组织，得以生产精美玉器和修建大型礼仪建筑。

这条生动优美的玉龙作为红山先民智慧的结晶，直到今日仍吸引着中华儿女的目光，民族图腾源远流长。

参考文献

[1] 郭大顺：《红山文化的“唯玉为葬”与辽河文明起源特征再认识》，《文物》1997年第8期。

[2] 陈伟涛：《龙起源诸说辩证》，《史学月刊》2012年第10期。

[3] 李新伟：《红山文化玉器内涵的新认识》，《中原文物》2021年第1期。

五
黑陶双耳罐

云南省玉溪市通海县位于云南省中南部，地处湖积平原，考古工作者在该地发现了多处新石器时代遗址，包括兴义遗址、打坝山遗址、海东村遗址等，其中多处遗址中出现了贝丘堆积，且出土了较多的石器和陶器，为构建滇中地区的考古学文化序列提供了重要支撑。

从旧石器时代到新石器时代，人类的生产力水平得到了极大提高，其中较有代表性的变化之一就是陶器的出现。陶器是人类利用水与火进行的物质创造，丰富和便利了人们的生活，直到现在，我们仍在生活中受惠于先人的这项发明。而对于考古工作者来说，陶器更是了解古代社会的一把钥匙。陶器是一种生活必需品，而且容易破碎，更容易出现迭代，易受工艺和风俗习惯演变的影响，器物的类别和形制容易发生变化，这些变化甚至可以反映出一个聚落在生活习俗和社会分工诸方面的样态与趋势。

与黄河中下游和长江中下游地区相比，我国西南地区的新石器文化出现较晚，但是遗址分布广泛，而且由于云贵高原地理形态所形成天然阻隔，使得该地区新石器时代遗址的面貌非常多样，形成了鲜明的地域特色。即使在数千年前，崇山峻岭仍然不能完全阻断区域间人群的迁徙以及物质文化的传播。新石器时代的先民凭借各种各样的地理孔道，实现了跨地区的交流。

玉溪市通海县位于云南省中南部，地处湖积平原，考古工作者在该地发现了多处新石器时代遗址，包括兴义遗址、打坝山遗址、海东村遗址等，其中多处遗址中出现了贝丘堆积，且出土了较多的石器和陶器，为构建滇中地区的考古学文化序列提供了重要支撑。黑陶双耳罐这类器物在中国西南地区有较为广泛的分布，包括云南、四川以及西藏。流行的年代上可追溯到新石器时代，下可至汉代。其典型特征为对称的大双耳，平底、侈口、鼓腹，比例适中、形态优美，很有可能是一种因游牧生活而用于吊煮的烹饪容器。很早就有考古学者敏锐地注意到其与西北地区的仰韶文化、马家窑文化和齐家文化中的器物有类似之处，推测西北和西南之间早在史前时代便存在文化交流。这种器物向西南地区的传播，很有可能与西北氐羌系的游牧者向西南的不断迁徙有关。这样一只双耳罐恰是古代人群迁徙与交融的小小例证。此后随着秦汉王朝的大一统，中原王朝的影响更加有力地向边疆辐射，这些来自西北的游牧者也就逐渐成为定居的农民，此类器物也在西南地区销声匿迹。

西南地区的新石器时代文化并非仅受西北族群的影响，也与东面的百越、百濮形成了文化交融，绝非孤立的文化系统，而是吸纳了不同文化因素，又与本土文化相结合，逐步形成了特色鲜明的西南夷文化，最终在历史长河中形成了我国西南地区多民族大杂居、小聚居的分布特点，极为深刻地影响了该地的民族分布面貌。

参考文献

[1] 谢崇安：《略论西南地区早期平底双耳罐的源流及其族属问题》，《考古学报》2005 年第 2 期。

[2] 陈泰敏：《玉溪早期陶器》，《玉溪师范学院学报》2015 年第 5 期。

六
十节青玉琮

十节青玉琮上端长 6.94 厘米，下端长 6.3 厘米，上孔径 5.55 厘米，下孔径 5.14 厘米，高 22.2 厘米，为青玉制作，内外都经过打磨抛光，质地平滑光润，现藏于四川省成都市金沙遗址博物馆。全器呈长方柱体，上大下小，外方内圆，中空，圆孔两头大，中间小，为双面钻孔而成，上下均有圆形凸起，器表有大片的白化现象。整个玉琮分为十节，每节阴刻出简化的人面纹，即用细密的平行线纹象征羽冠，用一大一小的圆圈表示眼睛，用几何形图案表示鼻子，在人面纹的上射部阴刻有一头戴长冠、双手平举的舞蹈人物形象。

玉琮出土于四川省成都市金沙遗址，遗址乃“2001 年全国十大考古发现”之一，是古蜀文明的重要遗存，主体时代为商代晚期至西周时期（距今约 3200—2600 年），是三星堆遗址的继承和发展，与成都平原史前城址群、三星堆遗址、战国船棺葬共同构成了古蜀文明发展演进的四个阶段。金沙遗址经过多次考古发掘，发现有很多建筑基址、祭祀遗迹和墓地等，出土了金器、铜器、陶器、石器、玉器、漆器、象牙、鹿角等大量文物。金沙遗址出土了大量玉器，器型包括璋、凿、琮、璧、锛、戈、环、珠、牌形饰等。

玉琮是中国古代重要的礼器之一，主要用于祭祀土地，《周礼 · 春官 · 大宗伯》中就记载：“以玉作六器，以礼天地四方：以苍璧礼天，以黄琮礼地，以青圭礼东方，以赤璋礼南方，以白琥礼西方，以玄璜礼北方。”目前考古发现的玉琮，最早见于安徽潜山薛家岗第三期文化（距今约 5100 年），到新石器时代晚期，玉琮在江浙地区的良渚文化、广东地区的石峡文化、山西地区的陶寺文化中大量出现，其中良渚文化发现最为集中。玉琮是良渚文化的典型器物，其造型经过了从圆到方、从矮到高、从单节到多节的发展过程，图案则经历了从繁复到简单、从具体到抽象的演变过程，多节玉琮是良渚文化玉琮发展到高峰期的产物，一般从两节到十二节不等，这些玉琮对周边文化产生了重要影响。

据学者研究，金沙遗址出土的这一玉琮，从造型、制作工艺和纹饰上来看，与其他玉器具有明显差别，但却与江苏武进寺墩遗址出土的八节玉琮大体一致，同属于良渚文化晚期的遗物。寺墩遗址是长江下游新石器时代崧泽文化和良渚文化的重要遗址，出土有较多的玉璧和玉琮，年代上早于金沙遗址，但两者分别位于长江上游和长江下游，相距数千公里。金沙遗址发现的这件玉琮，反映出早在商周时期，长江上游的古蜀文明与长江中下游地区的文明就存在密切联系，具有重大的历史、艺术和科学价值，是研究商周时期成都地区人群流动、文化交流、宗教信仰、工艺发展的重要实物资料。

参考文献

[1] 朱章义、王方：《成都金沙遗址出土玉琮初步研究》，《文物》2004 年第 4 期。

[2] 成都金沙遗址博物馆编著：《金沙遗址》，北京：五洲传播出版社，2006 年。

[3] 四川省文化厅、四川省文物管理局编著：《天府藏珍：四川馆藏文物精华》，成都：四川科学技术出版社，2009 年。

[4] 王方：《试析古蜀玉器中的良渚文化因素》，载成都文物考古研究所编著：《成都考古研究（二）》，北京：科学出版社，2013 年。

七

双面神人青铜头像

文物出土于江西省新干县大洋洲商代遗迹，通高 53 厘米，銎长 8.5 厘米，銎径 4.8 厘米，角高 20.6 厘米，管长 5.5 厘米，管径 6 厘米，现藏于江西省博物馆。关于这处遗迹的性质，引起了学界的多方讨论，人们分别提出了墓葬、祭祀坑、窖藏等多种可能。

青铜是一种重要的铜合金，其硬度高、熔点低，极大地扩展了人类可利用的资源。我国古代先民不断改进发展青铜冶炼技术，从而缔造了璀璨的青铜文化，尤以商周时期精美绝伦的大型青铜器物，如后母戊鼎、四羊方尊、虢季子白盘等闻名世界，显著区别于西亚等地的青铜冶炼制品。新干大洋洲遗迹发现于 20 世纪 80 年代，在数十平方米的范围内即出土了上千件精美器物，包括青铜器、玉器和陶器等。其中发现的青铜器种类丰富、制作精良、造型精美，在我国南方地区较为少见。被普遍认为是在安阳殷墟、广汉三星堆之后又一震惊世界的商代重大考古发现，也突破了此前人们对南方地区青铜文化的认识，为了解长江以南青铜冶炼技术及社会风貌，提供了极为重要的物质依据。

这件青铜头像为双面铸造，造型夸张，人像眼部突出，鼻子高耸，还刻意描绘出上下两排牙齿、尖耳。头部上方长有两只长角，装饰有云雷纹，两角中间还有一孔，学界推测这件面具可能用于祭祀。其形态为中原青铜器所未见，具有很强的地域特色，反映出当时江西地区先民区别于中原的独特风俗与文化。不只是这件青铜头像，此处遗迹中还出土了大量的兵器，也反映出很强的地域特色。在器物形制之外，纹饰上也多虎、鹿等，与中原不同。新干大洋洲出土的商代遗物多被考古学者纳入吴城文化的范畴，这处遗迹在当时可能属于一个如今已经不为人所知的古国，属于一个不同于汉族的族群。

但在地域特色之外，在此遗迹出土的青铜器中，也表现出很多与中原地区青铜器相同或类似的纹饰和器物形态，甚至还采用了与中原地区类似的制作工艺。这一现象的出现或是因为这些器物本身便来自中原，或是因为制作它们的工匠来自中原，也可能是源自当地工匠对中原器物的模仿。这些推测孰是孰非尚无定论，但是都能反映出，早在商代，此地的族群已经和中原之间存在文化交流。

反观当时中原地区的遗存也可见南方地区的影响。在中原地区进入青铜时代时，南方的制陶业则获得了很大发展，几何印纹硬陶和原始瓷也输入中原，且被普遍发现。也正因为此，考古学者在推断这一遗迹的年代时，不仅对比了中原地区的青铜器，也将这两种陶器纳入考量。两地区的相互影响恰说明我国自古以来，就存在着南北的地域和民族文化交流，以及地方文化与核心区域文化的紧密联系。新干大洋洲出土的器物还留有太多谜团等待我们解决，其所属族群仍不明晰，只能留待以后进一步探讨。

参考文献

[1] 江西省文物考古研究所、江西省博物馆、新干县博物馆:《新干商代大墓》，北京：文物出版社，1997 年。

[2]孙华:《商代长江中游地区考古的新认识——读 < 新干商代大墓 >》,《南方文物》2000 年第 1 期。

八

大禾人面纹方鼎

鼎器身呈长方形，两侧各有一立耳，耳外侧阴刻有夔龙纹，腹部四角有外凸的扉棱，器身下有四只圆柱形足，足上浮雕有兽面纹和扉棱，下有三道弦纹。口部略大于足部，口长29.8厘米，口宽23.7厘米，通高38.5厘米。器身表面装饰有半浮雕的高鼻阔嘴人面，两侧各饰有一耳，耳的上部、下部有类似兽面纹的角和爪，鼎腹内壁铸有“大禾”的铭文，现藏于湖南博物院。商周时期青铜器上兽面纹装饰比较常见，但这件鼎浮雕有写实的人面，并有角和爪，属于半人半兽的形象，体现了王权与神权的结合，反映出长江流域古代文明独特的宗教意识与祭祀礼仪，关于这一形象的身份，有饕餮、祝融、蚩尤、黄帝、傩面等不同说法。

这件方鼎大约在 1958—1959 年出土于湖南省宁乡县，为当地农民在黄材镇炭河里乡胜溪村一个叫新屋湾的地方挖地时发现。宁乡地区虽然地处偏远地区，但从 20 世纪 30 年代开始，陆续出土商、西周至春秋时期的青铜器 300 余件，占湖南出土同时期青铜器总数的一半以上，其中不乏四羊方尊、大禾人面纹方鼎等国宝级文物，学术界将这些青铜器称为“宁乡青铜器群”。这些青铜器大多以中原地区商文化的同类器物为原型，同时又具有浓厚的地方特色，反映出商文化对这一区域的影响。

“鼎”字最早见于商代甲骨文，其本意是古代一种煮食物的器具，到奴隶社会，鼎被专门用来进行祭祀和宴飨，是宗庙祭祀中的一种礼器。鼎后来成为统治阶级权力的象征，并用鼎的大小、数量来区别不同等级，形成了列鼎制度，如天子九鼎、诸侯七鼎等。商周时期的中原地区有大量青铜鼎发现，宁乡出土的这件大禾人面纹方鼎，从大小、铸造工艺来看，应具有较高的等级，其基本造型、铭文具有典型的中原特征，但人面纹饰具有地方特色，是中原文化与南方地域文化结合的产物。

湖南宁乡地区地处长江以南，在中原商王朝时期属于蛮荒之地，但却发现有大量青铜器。随着近些年考古工作的开展，出土这些青铜的周边地区也发现有商代的城址和墓葬，从出土陶器来看，大部分具有本地文化风格，但也有很多具有商文化特征。结合出土青铜器的特征来看，有学者研究后认为，在商代末期、西周初期，有一批商人或受商文化影响的人群，经过湖北东南越过长江，沿湘江而上到达宁乡地区，这些北来的人群不仅带来大量商代青铜器，而且带来了中原地区先进的青铜铸造技术，他们在此定居，构筑城池，铸造青铜器，创造出辉煌灿烂的宁乡青铜器。

参考文献

[1] 朱和平、邓昶：《试论宁乡出土殷商青铜器的造型与装饰艺术》，《文物世界》2010年第6期。

[2] 李茜、吴卫：《大禾人面纹方鼎的文化意蕴》，《艺术百家》2010年第7期。

[3] 炭河里遗址管理处、宁乡县文物管理局、湖南大学岳麓书院编：《宁乡青铜器》，长沙：岳麓书社，2014年。

九
何尊

何尊于1963年出土于陕西省宝鸡市贾村镇贾村西街，口径29厘米，圈足底径20厘米，通高38.5厘米，现藏于宝鸡青铜器博物院。这件青铜器的发现引起了学界的广泛关注和高度重视。尊，是一种酒器，是古代青铜器中较为常见的一种器型。何尊圆口方体，腹微鼓，高圈足，口沿处装饰蕉叶纹，颈部装饰蚕纹，圈足处饰有兽面纹，器物侧面饰有四道镂空棱脊，造型古朴稳重，制作精美，内胆底部刻有122字铭文，是首批禁止出国（境）展览文物之一。

何尊的发现过程也很曲折，这件青铜器曾被变卖到一家废品收购站，又被宝鸡市博物馆的工作人员发现，抢救下来送至博物馆。

青铜器上常刻有表明器物主人身份或重要事件的铭文。何尊上的铭文表明，其主人为西周初年的贵族“何”，且身份明确为周王室的宗室弟子“宗小子”，铭文中写道：“唯武王既克大邑商，则廷告于天，曰：‘余其宅兹中国，自之乂民。’”这说明何尊的制作是在牧野之战之后，西周正式建立的时候。“何”的父亲在战争中追随武王，被周王赏赐。这件事被“何”写入铭文，铸于青铜器而得以流传。这明确表现出周王朝的东部都城“成周”在武王时就已经建立，以延伸周王朝向东的影响力，更好地控制中原、山东和江淮，镇压殷商的旧民，这段铭文也是中国历史文献中最早出现的关于“中国”的记载之一。另有一处记载为《尚书·周书·梓材》，其中提到“皇天既付中国民越厥疆土于先王；肆王惟德用，和怿先后迷民，用怿先王受命”。学界对这两处记载中“中国”的含义有很多讨论。当时的“中国”的概念与后来有较大差别，但是也有较多重含义。首先，“中国”指代天下的中心——洛阳地区，这里在后来又被称为“中原地区”。这一观点普遍得到了学界的认可。另外“中国”还指代国之中心——京师。有学者认为何尊上的铭文记载了西周时期营建成周即洛阳的时间，所谓“宅兹中国”即是居于成周洛阳的意思。学界还提出，“中国”可能指代国家政权，而且“中国”也不仅指周王朝，还有商王朝。

文献在流传过程中会有所散佚，具有一定的偶然性，只是对当时观念的部分反映。“中国”这一观念的产生应该早于我们目前所能看到的文献记载，是在观念流传一定时间后才落实于文字。

而随着时间的推移，进入春秋战国之后，“中国”的含义又发生了变化，逐渐演变为我们所熟知的指称华夏的“中国”。虽然何尊上的“中国”与今日有所差别，但其仍是最早出现这两字的考古实物，是我们理解华夏文明进程的重要物质载体。

参考文献

[1] 陈昌远：《有关何尊的几个问题》，《中原文物》1982 年第 2 期。

[2] 何振鹏：《何尊铭文中的“中国”》，《文博》2011 年第 6 期。

[3] 赵永春、迟安然：《最早的“中国”：夏、商、西周时期的“中国”观》，《西南民族大学学报》（人文社会科学版）2021 年第 6 期。

[4] 王逸雨：《从利簋和何尊看西周政权的建立和巩固》，《西部学刊》2022 年第 24 期。

十
象首耳卷体夔纹铜罍

铜罍口径22.4厘米，通高74厘米，现收藏于四川博物院。有盝形盖，盖上饰四处鸟形突棱，盖中部饰有夔龙，肩部有立体长鼻象形双耳，双耳之间各铸有一立体卷鼻的象首，下腹部饰一兽形小耳。从颈部至圈足的器表，用扉棱分为四组相同的纹饰，每组纹饰分为上、中、下三部分。肩部中间饰有一蟠龙，两边间以夔纹，腹部浮雕夔龙，通体以云雷纹为底。这些纹饰繁复多样、布局对称、主体突出，反映出精湛的铸造工艺。

铜罍出土于四川省彭州市竹瓦街窖藏，这是巴蜀青铜器的重要发现。1959 年成灌铁路修筑时，工人在彭州竹瓦街发现一个大陶缸，缸内装有保存完好的 8 件青铜容器和 13 件青铜兵器。1980 年，在距离 1959 年窖藏点约 25 米的地方，当地农民挖土时又发现一个大陶缸，缸内有 19 件器物，包括 4 件铜罍和 15 件兵器，象首耳卷体夔纹铜罍即其中之一。竹瓦街窖藏两次共出土青铜器 40 件，包括 9 件铜罍，其中的 5 件大小、形制、纹饰都基本一致，有学者认为可能与列罍有关，与中原地区西周时期的鼎、鬲、爵等礼器组合制度类似，如天子九鼎、诸侯七鼎等，是身份等级的象征。竹瓦街窖藏青铜器保存完好，工艺精湛，据学者考证，这批青铜器可能制作于商末周初，埋藏于西周末年的战乱时期，这些青铜器的主人应具有很高的身份等级，或许和古蜀望帝与丛帝“禅让”的历史背景有关。

罍是流行于商代晚期至春秋中期的大型盛酒器和礼器，《诗经 · 周南 · 卷耳》中就记载“我姑酌彼金罍，维以不永怀”。罍有方形和圆形两种，方形罍出现于商代晚期，而圆形罍在商代和西周初期都有发现，从商代到周代，罍逐渐由瘦高变为矮粗，图案逐渐简化。罍在巴蜀青铜器中具有重要地位，从竹瓦街窖藏出土的青铜罍来看，当时的人们可能仿制了中原的青铜礼器，使其具有祭祀礼仪的功能，形成了具有巴蜀地区特色的列罍制度，以此作为身份的标识。

竹瓦街窖藏出土器物包括容器和兵器两类，其中兵器属于典型的巴蜀式，容器则是中原地区常见的类型，体现出中原文化与巴蜀文化的交融。四川盆地的青铜文化主要有三星堆文化、十二桥文化和晚期巴蜀文化，三星堆文化发展出精湛的青铜工艺和技术，其后的十二桥文化在此基础上进一步发展，竹瓦街出土的窖藏青铜器就是典型的代表。有学者指出，竹瓦街窖藏青铜器的发现，填补了金沙遗址一直未能出土大型青铜礼器的空白，对于古蜀文明的研究具有重要意义。这件出土于巴蜀地区的铜罍，具有与同时期中原地区青铜器类似的纹饰和工艺，反映出古代巴蜀地区与中原地区密切的联系。

参考文献

[1] 王家祐：《记四川彭县竹瓦街出土的铜器》，《文物》1961 年第 11 期。

[2] 李明斌：《彭县竹瓦街青铜器窖藏考辨》，《南方文物》2002 年第 1 期。

[3] 田剑波：《论西周早期蟠龙兽首铜罍及相关问题》，《北方文物》2021 年第 3 期。

十一
花山岩画

花山岩画位于广西壮族自治区崇左市宁明县境内的左江及其支流明江两岸。左江流域的岩画绵延绘制于200多公里的崖壁上。目前已经在该流域发现了近百个岩画点，图像总数达到数千个，岩画分布面积大。岩画绘制精美，历史悠久，而且承载了丰富的历史信息，早在宋代《续博物志》中即被提及。岩画已经于2016年通过联合国教科文组织世界遗产大会审议，被列入世界文化遗产名录，也是我国首处入选名录的岩画遗存。

岩画在世界范围内都有广泛发现，分布于洞穴、悬崖上的壁面。岩画的制作工艺也有多种，包括彩画、线刻、浮雕等。我国的西藏、青海、内蒙古等地均发现了岩画，所属时代范围也较广，反映了史前时代到历史时期先民的社会生活。

这处岩画不同于北方直接在石上采用线刻、浮雕等制作而成的岩画，而是用红色的颜料直接涂绘在河流两岸的峭壁上。这些颜料历经千年仍然鲜艳夺目，彰显着古代先民的智慧，因此多年来颜料的成分和调配工艺也一直备受关注。通过科技分析，考古工作者发现这些颜料为天然矿物赤铁矿。根据目前发现的图像面积来看，左江流域的岩画绘制应该需要依托一个稳定的颜料来源，经过近年来学者的努力，利用了同位素示踪法等科技手段，认为花山岩画的颜料是由当地的赤铁矿制作，而且矿源距离岩画较近。这表现出当时人们即可识别和利用赤铁矿，对左江流域的矿物分布有较好的把握，可以就地取材绘制岩画。

从岩画中可以识别出羊角钮钟、环首刀、铜鼓、扁茎铜剑等西南地区少数民族常见的古代器物，反映出当时广西地区人民的社会生产生活情况。这些图像也是岩画断代的重要依据，据此可大致推测岩画的年代上限为战国早期。自 20 世纪 80 年代开始，北京大学及一些国外科研机构采用碳 -14 和铀系断代法等科学技术手段，对岩画的年代展开了研究，虽然略有出入，但基本也认为岩画最早可追溯至战国时期。

学界普遍认为这些岩画的创作者是骆越人，是今天壮族、侗族、黎族等多个少数民族的祖先。中国史籍中也提到了这一族群，《史记 · 南越列传》载，“其西瓯骆裸国亦称王”。《后汉书 · 马援传》

也提到骆越："（马援）好骑，善别名马，于交趾得骆越铜鼓，乃铸为马式，还之上。"足见在汉代时期，汉民族便与西南的少数民族产生接触和交流。花山岩画更是少数民族文化历史悠久的物质实证，充分彰显了中华文化的多样与和谐。

参考文献

[1] 李浴：《略论广西宁明花山岩画》，《美苑》1988 年第 2 期。

[2] 黄新宇：《左江花山岩画：左江流域壮族先民民间信仰的再现》，《广西民族师范学院学报》2021 年第 6 期。

[3] 江姝、王金华、程邦等：《同位素示踪法在广西花山岩画矿物颜料产地溯源中的应用》，《西北大学学报》（自然科学版）2022 年第 2 期。

[4] 杨清平：《花山岩画（文化）保护与传承中的考古学力量》，《沿海企业与科技》2022 年第 2 期。

十二
高浮雕兽面纹金带扣

带扣长9.2—9.6厘米，宽7.6厘米，重157克，甘肃省文物考古研究所藏，2013年出土。带扣属于衣物腰带两端的必要连接件，这件带扣整体为一正面的兽面，双眼为球形，突出，镶嵌蓝色玻璃珠。方耳，高鼻，额头的正中有一浮雕兽头，口部由两条小龙构成。带扣的两侧镂雕出龙兽相斗的情境，首尾交错，极富动态。

汉民族推崇温软的玉石，而游牧民族则看重黄金。黄金质地较软，易于分割，是适合频繁流动游牧生活的重要等价物，除了用于交换，游牧民族也常将黄金打造成各种精美的饰品。

甘肃省天水市张家川回族自治县的马家塬墓地位于山梁间的低凹地带，其间分布了数十座墓葬，出土了大量的金、银、铜和错金银铁器及锡制车饰件，出土文物十分精美，令人瞩目。考古学者根据墓地中心墓葬的形制、规格和出土器物判断，该墓地可能是西戎的王族墓地，年代约为战国晚期至秦初。

龙是中国古代传说中一种重要的神异动物，已成为中华民族的象征，在中国古代的各类器物中有精彩的呈现。而猛兽相斗则是草原文化中常见的图像母题，带扣上的图像便充分体现了草原文明与农业文明的交汇与融合。带扣上镶嵌的蓝色玻璃珠也是中外文化交流的例证。玻璃的制作工艺起源于埃及，通过中东的游牧民族逐渐向东传播。到春秋战国时期，中原的工匠就已经可以自己制作玻璃珠，而且形成了与西方钙钠玻璃有别的铅钡玻璃体系。该墓地出土的肉红石髓珠等饰物也可体现出中外文化交往古已有之。

这些珍贵物品的主人被考古学者推测为西戎。“戎”可视为春秋战国时期对非华夏部族的统称，西戎最早可见于《诗经·小雅》:“赫赫南仲，薄伐西戎。”西戎与秦人杂居，深受秦人影响。马家塬墓地中出土了一件刻有“鞅”字的茧形壶，这种器物常见于春秋战国时期秦国及周边的墓葬中，此墓地中茧形壶的出现，更体现出其与秦文化紧密关系。这支西戎部落恰好居住在农业文明与游牧文明的交汇地带，文化面貌多元。我们不能忽视，在春秋战国群雄并起、逐鹿天下的时代背景下，也有许多少数民族活跃在历史的舞台，以各种各样的形式进行着民族交流、融合。

参考文献

[1] 甘肃省文物考古研究所编著 :《西戎遗珍 : 马家塬战国墓地出土文物》，北京 : 文物出版社，2014 年。

[2] 马芳芳 :《马家塬墓地出土服饰及人体装饰品复原研究》，《天水师范学院学报》2017 年第 1 期。

[3] 郭物 :《马家塬墓地所见秦霸西戎的文化表象及其内因》，《四川文物》2019 年第 4 期。

十三
镂空兽雕金带钩

带钩长 20 厘米，宽 7.2—7.6 厘米，重 228 克，铸造而成。钩首呈龙首形，颈为三棱状，肩部边框内镂空雕刻对称的狼形图案，狼呈倒立状，头向下，张嘴竖耳，前腿前伸，躯干后部向上翻转，尾斜伸卷曲。钩身为长方形，有边框，框内镂空雕铸对称的虎噬大角羊图案一组，虎侧身，头向左偏，两耳直竖，嘴咬在羊颈，前左爪抓住羊前右足，前右爪和后左爪踩羊头，左后腿向后蹬，尾向后翻卷，似凌空做扑杀状；羊略向左侧翻，头向上翻卷，前右腿前伸，左腿屈于腹下，左后腿向上翻转，右腿后蹬，呈被扑倒后的挣扎状。边框以及动物的躯干上有三角形、卷云形等不同的镂空图案，内镶嵌肉红石髓，填以朱砂。

带钩出土于甘肃张家川马家塬墓地，其地势北高南低，呈缓坡状，墓葬分布于缓坡地带当中，总面积 3 万余平方米。根据墓葬规模，可分为大型墓、中型墓、次中型墓、小型墓四类，墓地以大型六号墓葬为中心，其他中小型墓葬南北成排、呈半月形分布于六号墓的北部和东西两侧，为众星捧月状。该墓地是战国晚期至秦代西戎某支首领和贵族的墓地，自 2006 年至 2019 年底，墓地共发现墓葬 77 座、祭祀坑 3 座、车迹 68 辆，出土金器、银器、铜器、铁器、骨器、陶器、绿松石、玛瑙和玻璃器等 1 万余件，并入选“2006 年中国十大考古发现”之一。其中最重要的是出土有 10 辆精致豪华的二轮马车，这些马车的装饰和车厢结构独具特色，车轮及车厢侧板均以金花、银花、铜花、错金铁、玛瑙、釉陶串珠、贝壳装饰，车厢侧板上还有铜大角羊、银箔大角羊、金箔虎等动物饰件及包金铜泡装饰。

“戎”是春秋战国时期对于北方少数部族的统称，这些人群大多以游牧为生，没有固定的住所和文字。西戎世代与秦人杂居，被秦人征服，受其影响很深，同时也是促进亚欧大陆文化交流和融合的重要人群。马家塬墓地的出土物，融汇了中原与西戎两种风格，反映了战国晚期至秦代西戎文化的面貌，这种多元文化的融合是研究本时期西戎文化、秦戎关系、中西文化交流、古代车舆发展演变的重要实物资料。

带钩是中国古代日常衣着中的小件挂饰，常用以系于腰间固定衣物，即将钩钮嵌入革带一端，使钩体正面向外，背面正与腹部贴合，钩首钩挂革带另一端的孔上或附置的环上。战国到秦汉时期，带钩逐渐在上层社会中流行开来，成为身份地位的重要标识。马家塬墓地出土的这件金带钩，发现于墓主腰部，很可能是实用物品，其装饰的狼、虎噬羊等纹样题材具有明显的草原风格，但带钩的文化内涵、制作工艺明显来源于中原秦地，体现了西戎文化与秦文化的交融。

参考文献

[1] 甘肃省文物考古研究所编著：《西戎遗珍：马家塬战国墓地出土文物》，北京：文物出版社，2014 年。

[2] 闫虹如:《张家川马家塬战国墓出土装饰品研究》，西北师范大学硕士学位论文，2015 年。

[3] 高西省：《黄金、游牧与汇聚：以天水马家塬西戎金银饰动物造型为例（下）》，《美成在久》2022 年第 5 期。

十四
鹰顶金冠饰

20 世纪 70 年代，人们在鄂尔多斯高原上的内蒙古自治区杭锦旗阿鲁柴登发现了一座匈奴墓，该墓出土了大量精美文物，一件鹰顶金冠饰尤为精美，被认为是匈奴首领所戴的冠饰。这件冠饰冠高 7.1 厘米，额圈直径 16.5 厘米，重 1211.5 克，现藏于内蒙古博物院。冠由冠顶和冠箍组成，冠顶底座饰有狼羊搏斗纹饰，上面站立一只展翅的雄鹰。冠箍由三条半圆形金条通过榫卯插合而成，主体装饰有绳纹，上面还有精美的浮雕，刻绘了卧虎、卧羊、卧马等图像，制作精美，展现了草原民族的社会风貌。学者认为冠饰是利用阿尔泰地区的金属冶炼技术制作加工而成的。阿尔泰地区盛产黄金，其在春秋战国时期拥有较为发达的金属冶炼技术。

该墓不仅出土了这件冠饰，还出土了较多刻绘凶猛野兽的牌饰，结合图像风格和墓葬的所在地，考古学者推测这座墓的墓主应为战国时期的一位匈奴首领，这件冠饰是迄今发现的唯一“胡冠”。农业文明与游牧文明一直处于碰撞和交流中，双方因此形成了风俗和文化上的演变，比较重要的一次演变即是赵武灵王发起的“胡服骑射”，赵武灵王在战争中发现，少数民族的一些服饰和武器可以与中原原有的武备相补充，这使得赵国的军事实力大增。赵武灵王也将胡冠引入了中原。《后汉书·舆服志下》记载:“武冠，一曰武弁大冠，诸武官冠之，侍中、中常侍加黄金珰，附蝉为文，貂尾为饰，谓之‘赵惠文冠’。”胡冠既引入了草原风俗，也保有部分中原文化的底色。

匈奴在中国历史上曾是与汉民族相互交流的重要族群，至秦汉建立统一的中央王朝之后，汉族与匈奴之间发生多次冲突。长城便曾是中原王朝为了抵御以匈奴为代表的北方游牧民族而建筑的重要防御工事，然而长城终究未能阻挡经济文化的交流。游牧者需要中原的粮食和丝绸，耕作者则需要草原上的金属和牲畜，双方在战争、贸易等各种形式之下，相互学习，各自取长补短。

自战国时代开始，中华文明便在与周边族群的数次争锋之中，不断累积自己的力量。中原王朝与匈奴且战且和，最终南匈奴入塞，匈奴也进一步融入中原，形成了你中有我、我中有你的多民族文化格局。可见长城虽然起初为一道军事屏障，却未能成为文明与文化交往传播的障碍，恰是长城内外皆故乡。

参考文献

[1] 赵爱军 :《试论匈奴民族的金银器》,《北方文物》2002 年第 4 期。

[2] 张景明 :《匈奴金银器在草原丝绸之路文化交流中的作用》,《中原文物》2013 年第 4 期。

十五
秦半两

春秋战国时期，各国所用货币按照形制主要可分为布币、刀币、圜钱和蚁鼻钱等。半两钱从形制来看即是圜钱的一种，即圆形有孔的铜制货币。秦始皇统一六国后，以秦币为天下币，据《史记》记载："黄金以镒名，为上币；铜钱识曰半两，重如其文，为下币。"可见在秦始皇时期半两钱已经出现，这种圆形方孔的货币形式也被沿用下来，贯穿我国2000余年的封建社会始末。

自西周末年，天下分裂，群雄逐鹿，各国多形成了自己的政治制度、经济制度和文化面貌，尤其以文字、货币等最为多样。公元前 221 年，秦王嬴政统一六国，自号“始皇帝”，为了加强中央集权，也便于各地区、各民族间的交流，废分封制行郡县制，采取了一系列措施，中国从此进入了“车同轨、书同文”的大一统时代，货币变革也在其中扮演了重要角色。

自战国时代起，秦国一共使用过包括半两钱在内的五种货币，半两钱以其便于使用的形制和重量，更适合流通，其他诸国见此也有所效仿。陈尊祥认为半两钱的最早铸造年代在战国早期与战国中期之交，最晚不会晚于秦献公七年（公元前 378 年）“初行为市”之时。目前已经有诸多考古发现，以实物弥补《史记》等文献之阙，为我们了解半两钱的起源提供了诸多帮助。在陕西、四川、甘肃、内蒙古等地，先后发现了众多钱币窖藏，其中出土了数量较多的战国时期半两钱，这说明半两钱的使用远早于秦始皇统一六国。1979 年，四川省青川县的秦墓中出土了七枚战国秦半两，墓中还出土了带有秦昭王元年纪年的木片牍，这对于半两钱断代有重要意义。

虽然战国秦半两与秦代半两一脉相承，但是两者在具体形制上仍有差别。相对而言，秦代半两质量更小，表现出的铸造工艺也更高超，已经用泥范或铜范制造，钱币表面更为光滑平整。另外，秦代半两上的钱文也更加规整。

秦始皇虽然统一六国，而且颁布了一系列加强中央集权的法令，但是秦代统治时间有限，短短二十余年间很难完全改变六国故地的各项传统。根据目前秦代半两的出土地点，有学者提出，秦代半两的流通范围是很有限的，而且钱币的形制、质量等也并不固定。

虽然秦始皇颁布的统一货币法令影响力有限，但却深刻地影响了汉代的货币，秦亡后，又经历了很长一段时间的战乱，才复由汉高祖刘邦一统天下。经过汉代的漫长统治，故六国的传统逐渐减弱，而日渐趋向于大一统气象，全国范围内使用的货币也终究走向统一。

统一货币作为联结普通百姓与国家经济的重要物质载体，既深入寻常人的生活，也是国家权威的体现，更是各民族人民交流交往的纽带。

参考文献

[1] [日]稻叶一郎著，王广琦、李应桦译：《关于秦始皇统一货币的问题》，《河北师大学报》（哲学社会科学版）1986年第4期。

[2] 蒋若是：《论秦半两钱》，《华夏考古》1994年第2期。

[3] 刘志荣、刘鹏：《试述秦半两》，《西北史地》1998年第4期。

[4] 赵乾坤：《秦半两钱初探》，《湖南人文科技学院学报》2012年第4期。

十六
错金铭文铜虎节

铜虎节长19厘米，厚1.2厘米，最高11.6厘米，现藏于南越王博物院，是目前我国发现的唯一一件错金铜虎节。铜虎为扁平状，呈蹲踞姿势，昂首挺胸，张口露齿，尾部卷曲。铜虎全身为黑色，虎身雕刻浅凹槽，槽内贴有金箔片象征虎斑纹，虎眼、虎耳由细金片勾勒出，前后足下有浅槽，头和足的转折处及脸部的皱纹均以短线勾勒出来。虎节正面有错金铭文“王命命车驲”，说明这应是南越王调动兵车的令符。

南越国（公元前204—公元前111年），是秦末至西汉时期位于中国岭南地区的一个政权，为秦末南海郡尉赵佗乘乱建立，定都番禺（广州）。南越国是岭南历史上第一个完整的政权，奠定了今日岭南的基本范围，西汉高祖十一年（公元前196年），南越国成为汉朝的藩属国。南越国建立之初，赵佗实行"和辑百越"政策，同时加强与中原地区的交流，引入先进的农耕技术和文化，使岭南地区逐渐平稳进入农耕文明时代。此外，赵佗还将海洋文化引进岭南以至中原地区，为海上丝绸之路的形成奠定了基础。西汉元鼎四年（公元前113年），南越丞相吕嘉发动叛乱，第二年汉武帝发动对南越国的战争，于元鼎六年（公元前111年）灭亡南越国，南越国共存在93年，历任5位国王。

这件虎节出土于南越王墓，该墓位于广东省广州市象岗山上，1983年发现，为凿山构筑而成的石室墓，即从象岗山顶凿出一个平面为"凸"字形的竖穴，再从前端东、西侧开横洞成耳室，南面开辟斜坡墓道。墓室坐北朝南，按照"前朝后寝"的布局，前部为前室和东、西耳室，后部为后室、东侧室、西侧室及后藏室，墓顶用24块大石覆盖，墓主居后部中室，有殉葬者。墓内出土随葬品丰富，包括金器、银器、铜器、铁器、陶器、玉器、琉璃器、漆木器、竹器等1000余件（套），其中不乏"文帝行玺"金印、丝缕玉衣、角形玉杯等珍贵文物。从出土物中的"文帝行玺"金印，以及"赵眛"玉印来看，这一陵墓的主人应是南越国第二代王赵眛，即第一代南越王赵佗的孙子。

"节"为中国古代外交或驿传的信物，是使者持有的一种凭证，具有关口通行、驿站食宿等用途。《周礼·地官·掌节》中记载：

“凡邦国之使节，山国用虎节，土国用人节，泽国用龙节，皆金也。”目前考古发现的符节多出土于湖北、湖南等楚文化地区，有龙形节、虎形节和管形节等，其中湖南长沙 1946 年出土的一件铜龙节，有铭文“王命命传赁”，与这件南越王墓出土铜虎节较为接近。中原地区自春秋时期即用虎节调动军队，南越国发现虎节，说明其制度完全模仿同时期的中原王朝。

参考文献

[1] 广州市文物管理委员会、中国社会科学院考古研究所、广东省博物馆编辑:《西汉南越王墓》，北京：文物出版社，1991 年。

[2] 何琳仪:《南越王墓虎节考》,《汕头大学学报》(人文社会科学版)1991 年第 3 期。

[3] 何少伟：《古越雄风——西汉南越王博物馆藏武备赏析》,《收藏家》2020 年第 5 期。

十七
丝缕玉衣

玉衣长1.73米，共由2291块青玉片粘连缀接而成。外形与人体形状基本一致，分头套、上衣、袖筒、裤筒、手套和鞋六部分。为便于穿着，各部分分别制作。其中头套、手套和鞋的玉片均在片角钻孔，以丝线连缀；其余玉片用麻布衬里，每块玉片表面用窄丝带作交叉粘贴，然后再用宽丝带沿玉片的边缘作纵横粘连。由于整件玉片皆以丝带缀连，故称之为“丝缕玉衣”，这是我国迄今所见的年代最早的一套形制完备的玉衣，出土时玉片散落在地，经三年时间完成修复。

西汉建立初年，今天的广东省等地，即岭南地区，还未进入汉帝国的版图，而是一割据一方的小国，即南越国。南越国的开国国王为赵佗，在秦末大乱时趁机占领了桂林郡和象郡，切断了与中原的联系。刘邦建立汉朝之后，派遣陆贾出使南越，赵佗也表示向中央王朝称臣。南越国历经五世，存国 93 年。这一时期的岭南地区逐步引进了中原的农耕文化，南越国对岭南地区的经略，在一定程度上促使当地的古越人告别了刀耕火种的氏族社会。南越国也因为沿海的地理优势，兼容海洋文化和异域文化，为后来的海洋丝绸之路奠定了基础。

这套丝缕玉衣即出土于南越国第二代国王赵眜之墓，赵眜是赵佗之孙，该墓出土了一方“文帝行玺”金印和一方“赵眜”玉印，从而明确了墓主身份。南越王墓为一处“凿山为藏”的石室墓，墓室中还绘有彩画，墓室主体位于象岗山腹心深处，坐北向南，由七个小室组成，工程巨大，耗费了大量石料。墓葬中出土了铜器、铁器和精美玉器，为同时期的岭南地区的墓葬所罕见。

玉衣是中国古代的一种殓葬用具，是以金属或其他材料串联玉片而包裹尸体的殓服，兴起于西汉，是一种高等级墓葬中才会出现的遗物。在西汉时使用等级尚不明确，到了东汉时期，《后汉书·礼仪志》中明确记载，皇帝使用金缕玉衣，诸侯王、列侯始封贵人、公主用银缕玉衣，大贵人、长公主使用铜缕玉衣，以串联玉片的材质表现死者身份等级的不同。目前在全国多地出土过玉衣，比如河北满城的中山王墓、江苏徐州的楚王墓等，但是丝缕玉衣目前仍仅见于南越王墓。

这件玉衣所用玉料较杂，仅在头部、手部、足部等处的玉片做了钻孔，使用丝线串联。而上衣和裤筒的制作则仅在粗糙的玉片背后贴衬麻布。学者推测之所以在南越国出现了如此特别的玉衣：其一，与南越国气候湿润盛产丝绸有关；其二，制作工期较短，易于完成，适合赵眜在位较短、营造坟墓时间不足的情况；其三，则是因为当时尚处于葬具从玉覆面向玉衣过渡的阶段，仍保留有玉覆面的制作传统。丝缕玉衣的出现在一定程度上表现出中原丧葬习俗与岭南地区风习相结合的趋势。

这种文化交流也在其他器物上有所体现。该墓出土的铜鼎和器物封泥上出现了汉代官名，可与《汉书 · 百官公卿表》相呼应，但是也有一些则史籍无考，或为南越国自创。南越国表面上为西汉的外姓诸侯国，但实为地方割据势力，从此墓中出土的金印来看，南越王似乎在当地以皇帝自居。不过即便如此，当时的岭南地区仍在丧葬习俗和社会文化中出现了与中原王朝相交流的态势，也反映出古越人在其治下不断融入华夏的历史潮流。

参考文献

[1] 卢兆荫：《试论两汉的玉衣》，《考古》1981 年第 1 期。

[2] 刘尊志：《西汉诸侯王墓殓葬玉衣及相关问题》，《中原文物》2011 年第 4 期。

[3] 李郁：《象岗山上：西汉南越王文物探奇》，《美成在久》2021 年第 2 期。

[4] 高小路、徐卫民：《广州象岗西汉南越王墓形制试析》，《文博》2022 年第 2 期。

十八
二人角抵纹透雕铜牌饰

铜牌饰长 13.8 厘米，宽 7.1 厘米，现藏于陕西历史博物馆，透雕有双马，双马上部透雕出茂盛的林木，马背上鞍辔齐备，马腿下有三角形的镂空，双马之间为相互抱住作摔跤状的两人，两人上部为一飞鸟。摔跤的两人上身赤裸，下身穿有长裤，脚着短靴，一人右手抱住对手的腰部，左手抓住对手的后胯，另一人用两手分别抱住对手的腰部和右腿，双方相持不下，都想摔倒对方。这组摔跤人物生动形象，展现了摔跤时的真实场景，是我国目前发现较早的摔跤形象。

该铜牌饰发现于陕西省西安市长安区客省庄第 140 号墓，该墓群发掘于 1955—1957 年，墓葬年代大多为西周和东周时期，其中东周墓年代大都在春秋末期至战国早期，但也有一些年代稍晚。第 140 号墓较为特殊，年代为战国晚期到西汉初期，墓长 1.9 米，宽 0.6 米，人骨架仰身伸直，出土有方形铜牌饰、圆形透雕铜饰、金环、铜环、铁刀和圆形带纽铁器等。2 件方形铜牌饰大小、图像相同，出土时压在墓主腰的两侧，应是嵌在腰带上的装饰品。

摔跤起源于周代的“讲武”习俗，是以徒手搏斗为主要特征，锻炼人的体质、气力和耐久力的体育活动，在中国古代有“角力”“角抵”“相扑”等不同称呼，《礼记 · 月令》中就记载：“孟冬之月，天子乃命将帅讲武，习射御、角力。”类似这件铜牌饰上的摔跤图像，也见于湖北江陵凤凰山 70 号秦墓出土木篦上的“角抵图”，画面上的帐幕之下有三个头梳发髻的男子，上身赤裸，下身穿短裤，腰间束带，足蹬翘头靴，右边两人正跨步伸手进行比赛，左边一人似为裁判或教练。此外，河南密县打虎亭 2 号东汉墓的壁画中绘有角抵图，搏斗的双方都是面带胡须的壮士，服饰基本上与秦代漆画相似，赤膊光腿，束短裤，不带冠，但发式是朝天束成的发辫，足蹬翘头的黑履。

这件铜牌饰具有明显的北方游牧民族特色，从人物的发型和服饰来看，很可能与活跃在我国北方的匈奴等古代民族有关。匈奴是在约公元前 3 世纪时兴起的一个游牧部族，主要分布于阿尔泰山以东的鄂尔多斯高原，在大漠南北存在了 300 年，建立起强大的匈奴帝国，东汉时分裂为南北两部，北匈奴在公元 1 世纪末为西汉所败而西迁，南匈奴归降称臣，此后离散的匈奴部落又在我国历史上活跃了近 200 年，至南北朝末期才在史书记载中渐趋消失。但出土这件铜牌饰的墓葬位于中原文明核心的西安地区，有学者推测其可能为南北匈奴分裂之前归降汉朝的北匈奴遗存，抑或是匈奴使节的墓葬，这对于研究汉代中原地区多民族的交流融合具有十分重要的意义。

参考文献

[1] 考古研究所沣西发掘队：《1955—1957 年陕西长安沣西发掘简报》,《考古》1959 年第 10 期。

[2] 中国科学院考古研究所编著：《沣西发掘报告：1955—1957 年陕西长安县沣西乡考古发掘资料》，北京：文物出版社，1963 年。

[3]单月英、芦岩:《匈奴腰饰牌及相关问题研究》,《故宫博物院院刊》2008 年第 2 期。

[4] 黄聪、李金金：《匈奴与汉族的民族融合和体育发展》，载周伟洲主编：《西北民族论丛》（第十四辑），北京：社会科学文献出版社，2016 年。

十九
“滇王之印”金印

金印由印纽和印身组成，印面呈方形，边长 2.3 厘米，高 1.8 厘米，重 89.5 克，1956 年出土，现收藏于中国国家博物馆。印为方形，蛇纽，蛇首昂起向右上方，蛇身盘旋，背有鳞纹。印文为“滇王之印”四个篆书文字，文字雕凿阴刻而成。据《史记·西南夷列传》记载：“元封二年，天子发巴蜀兵击灭劳浸、靡莫，以兵临滇。滇王始首善，以故弗诛。滇王离难西南夷举国降，请置吏入朝，于是以为益州郡，赐滇王王印，复长其民。”西汉元封二年（公元前 109 年）汉武帝赐滇王印，此处的滇王可能是元狩元年（公元前 122 年）被封为滇王的尝羌，他是目前史料中唯一留有姓名的滇王。

古滇国是云南省历史上创造过辉煌文明的古王国，疆域主要在以滇池为中心的云南中部及东部地区，但传世文献对滇国的记载相对较少，长期以来，由于考古资料的缺乏，人们对古滇国的认识非常有限。随着石寨山墓地第二次发掘中“滇王之印”金印的出土，证实了《史记》中记载的滇王国真实存在，同时也说明晋宁石寨山墓群是滇王室的家族墓地。2019 年，考古工作者在晋宁河泊所遗址进行发掘时，出土有“滇国相印”“王敞之印”“田丰私印”等一系列封泥及大量陶釜、玉石等实物，其中“滇国相印”封泥的出土，进一步从实物史料上证实了古滇国的存在，这些对于古滇国的研究具有深远意义。

晋宁石寨山墓地位于滇池东岸，山高约 33 米，南北长 500 米，东西宽 200 米，面积约 5000 平方米。自 1955—1996 年共经过五次考古发掘，清理战国至汉代滇王及其亲属的墓葬 87 座，出土金器、银器、铜器、铁器、玉器、陶器、玛瑙等 5000 余件（套）。石寨山墓地出土的大部分器物具有地方民族特色，其种类、造型、纹饰具有多样性，如贮贝器上雕铸有大量滇人祭祀、战争、耕作、纺织等场面，这些对于研究我国西南地区当时的经济发展、宗教信仰、民族迁徙、冶炼工艺等提供了宝贵的实物材料。

“滇王之印”的出土，不仅弥补了古代文献关于滇国历史记载的缺失，从实物材料上证实了古滇国的存在，同时也证明了《史记》文献记载的可靠性，这对于云南地方历史和中国古代历史的研究具有重要意义。滇王金印的形制，根据《汉旧仪》应该属于列侯的规格，但却是王印，这说明古滇国与西汉中央王朝有着密切的政治关系，是一个有特殊地位的内臣。汉武帝赐予滇王金印，确立了滇王与西汉中央王朝的隶属关系，滇国成为新设立的益州郡的一部分，这是云南隶属中央政权最早的物证。

参考文献

[1] 云南省博物馆编：《云南晋宁石寨山古墓群发掘报告》，北京：文物出版社，1959 年。

[2] 王仲殊：《说滇王之印与汉委奴国王印》，《考古》1959 年第 10 期。

[3] 李昆声：《“滇王之印”与“汉委奴国王”印之比较研究》，《思想战线》1986 年第 3 期。

二十
金带扣

师子山楚王墓出土的一对金带扣长 13.3 厘米，宽 6 厘米，于 1994—1995 年出土，现藏于徐州博物馆。两件带扣形状相同，图案对称，由黄金铸成，质地精良、制作精美。带扣中部有两个横向双环纽，每块带板内下角各有一个略近三角形的小孔，以便扣舌穿入。表面的图案以浮雕技法呈现出猛兽咬斗的场景，边缘装饰有钩喙鸟兽纹。

金带扣出土于江苏省徐州市狮子山楚王墓。汉代初年，为了巩固中央政府的统治，高祖刘邦实行诸侯分封，不过随着汉代中央政府实力的增强，诸侯王的权力被不断削弱，最终只是徒有虚名。两汉 400 余年间，今天的徐州一带共属于七个不同的诸侯国，楚国是其中一个较为重要的封国。初代楚王为汉代开国名将韩信，后来由于政治冲突，刘邦翦除异姓王，韩信被降为淮阴侯，楚国又被分封给刘邦同父异母的弟弟刘交。西汉楚国共有 200 余年的历史，传国十二代。

目前考古工作者已经在徐州一带发现了近十处楚王及王后墓，其中狮子山、北洞山、驮篮山楚王墓规模较大，这三处墓葬都位于当时楚国的都城彭城以东，属于岩洞墓，即直接穿凿岩体而成，墓葬的建造工程浩大，体现出当时楚国的财力和工艺水平。但是由于目前发现的楚王墓都盗扰严重，未出土明确表现墓主身份的器物，这些墓葬的具体主人仍然不详。考古学者根据墓葬的建筑特征、形制布局、建造技术来推测几座楚王墓的具体年代。其中狮子山楚王墓的年代多被推断为西汉前期。该墓墓室结构复杂，出土了 2000 余件（套）遗物，不同位置的墓室放置不同功能的随葬品，以供墓主在另一个世界仍然能得到奢华的生活享受。这对金带扣出土于狮子山楚王墓外墓道耳室的兵器堆，共有两件，与之同出的还有“楚中尉印”封泥。这几件遗物可能是楚中尉送给楚王的赗赙之物，即在楚王去世后赠送的随葬品，带扣边缘还刻有标记重量的铭文。这对带扣的图案带有明显的北方草原风格，但是学者通过其铸造技术和带扣反映出的使用方式来看，这很有可能是中原工匠仿制的。与之纹饰类似的带扣在徐州簸箕山、后楼山等墓中也有发现，可见这是一种受到当时贵族追捧的饰物。中原地区的贵族在见到草原民族的饰品后，不仅购买，还进行了仿制，而且楚国已近海疆，足见当时中原与边疆的交往之深。

参考文献

[1] 韦正、李虎仁、邹厚本 :《江苏徐州市狮子山西汉墓的发掘与收获》,《考古》1998 年第 8 期。

[2] 耿建军:《试析徐州西汉楚王墓出土官印及封泥的性质》,《考古》2000 年第 9 期。

[3] 孟强 :《从随葬品谈徐州狮子山汉墓的墓主问题》,《考古》2006 年第 9 期。

二十一
“单于和亲”瓦当

瓦当收藏于内蒙古博物院，灰陶质地，直径 15.5 厘米，宽沿、下半部有残缺，正面用“十”字格线分为四部分，每部分中有一阳文篆字，内容为“单于和亲”。瓦当一般用陶泥做成，是覆盖在屋檐头筒瓦前端的遮挡构件，特别是西汉和东汉时期，瓦当上刻有文字或图案进行装饰美化，被赋予了新的文化意义。这一瓦当铭文中的“单于”，是匈奴人对他们部落联盟首领的称呼，意为“广大之貌”。

西汉建立之初，国家实力衰弱，而匈奴势头正盛，汉高祖刘邦在征讨匈奴时就曾被围困在白登山，为了维持与匈奴的友好关系，刘邦采用娄敬建议，将汉朝宗室女儿嫁给匈奴单于，双方约为兄弟，互通往来。此后的惠帝、文帝、景帝，以及汉武帝初期都延续了与匈奴的和亲政策。通过和亲，西汉与匈奴缓和了军事冲突，西汉王朝得以休养生息，促进了经济的恢复和发展，同时也加强了西汉与匈奴的经济文化交流。西汉的和亲政策中，最著名的是“昭君出塞”，西汉元帝竟宁元年（公元前 33 年），宫女王昭君远嫁呼韩邪单于为妻，此后 60 多年间，西汉与匈奴之间交往不断，出现了“人民炽盛、牛马布野”的和平繁荣景象。

这一瓦当 1954 年出土于内蒙古包头市南郊的召湾村汉墓群，墓群分布于土梁上，为丘陵地带，墓群的东北 5.5 公里即是麻池汉代古城。通过考古发掘证实，该区域属于西汉五原郡的五原县城和九原县城，是当时黄河北岸、阴山以南非常重要的一座边城。瓦当夹杂在碎砖瓦陶片中，主要填塞于墓椁外部，瓦当铭文除“单于和亲”外，另有“单于天降”“四夷尽服”“千秋万岁”等。其中“单于和亲”和“单于天降”瓦当都是四扇格“十”字当面，先后有多次出土，经学者研究，两者的文字出自同一母范，但“单于天降”瓦当稍大，且数量和完整者都较多。

有学者指出，“单于和亲”瓦当的时代下限是西汉哀帝、平帝时期，应与西汉元帝竟宁元年（公元前 33 年）“昭君出塞”和亲一事有关，是彰显西汉王朝礼仪之邦风度的体现。该瓦当作为房屋的装饰构件，是当时社会颂扬和纪念西汉与匈奴和亲的实物见证，而从西汉首都长安出发到匈奴王庭，沿途 1000 多公里，其中包头的九原是秦直道上重要的驿馆，这一瓦当的发现，是“昭君出塞”和亲路线的重要物证，同时也反映了西汉与匈奴和亲并和睦相处的历史事实，是民族互动交融的重要见证。

参考文献

[1] 奔骥：《“单于和亲”瓦当小释》，《内蒙古社会科学》1986年第5期。

[2] 陈永志主编：《内蒙古出土瓦当》，北京：文物出版社，2003年。

[3] 张靖研、张丽：《召湾汉墓瓦当的文化意义研究》，《内蒙古艺术》2010年第2期。

二十二
和林格尔墓壁画

1971 年在内蒙古自治区和林格尔县新店子乡发现了一座东汉古墓，墓室分前、中、后三室，并配有耳室。全长 20 米。墓顶、墓壁、甬道两侧都有绘画，共有 57 幅，另有榜题 250 余款，从壁画内容及榜题得知，墓主为东汉王朝派到北方民族杂居地区的最高官员——使持节护乌桓校尉。壁画画幅较大，场面宏伟；内容较多，构图也比较完整，清楚地反映出当时的民族关系、阶层关系和社会情况，包括生活及民俗民风的一些情况，因而它具有重要的历史价值和艺术价值。

汉代的政治局面较为稳定，经济和文化得到长足发展，汉代的墓葬也营建得极为精美，人们采用壁画、画像石、画像砖等方式装饰墓室，以图像的形式寄托生者对逝者的哀思，希望逝者在死后仍能享受凡世的种种。较为考究的壁画绘制需要先在砌筑好的墓室墙壁上涂抹一层较细腻的底色，即“地仗层”，之后再以笔和颜料作画。目前发现的汉代壁画墓已有数十座。在今天内蒙古自治区的和林格尔县，考古工作者发现了一座规模较大的壁画墓，包含了多个墓室，绘制的壁画内容丰富，涉及了当时社会生活的诸多方面，而且图像绘制精美，更重要的是许多图像旁边有墨书题记，这为我们解读壁画的内容提供了极大的帮助。

人们在墓室的前室可以看到附有题记，以图像表现的墓主一生的仕宦经历，墓主举孝廉后任西河长史、上郡属国都尉、繁阳令、使持节护乌桓校尉等职。护乌桓校尉应是墓主一生中最值得夸耀的经历。乌桓曾从属于匈奴，后来西汉击败匈奴，并设置护乌桓校尉，对其进行管控。且命其与鲜卑互通，实现了对乌桓和鲜卑等北方少数民族的有效管辖，东汉时期乌桓进一步向南迁徙，与汉文化联系愈加紧密。壁画还描绘了墓主就任时办公的府衙，“幕府图”是展现墓主生活的最主要场景，其中墓主端坐在高大的庑殿式房屋之中，堂下有乐舞百戏，为墓主提供丰富的视听享受，阶下又有少数民族人物列队觐见，场面喧嚣隆重。墓室壁画不仅生动展现了一位汉代官员的升迁经历，还深刻反映出当时汉民族与乌桓等民族的交往。壁画中还提到了一些地名，也对了解汉代城市结构以及边疆地理有所帮助。

和林格尔县在北魏时称盛乐，是北魏的第一个都城，今天还可以在其境内看到长城的遗迹。该地一直是游牧与农耕的交界地带。和林格尔汉代壁画墓中描绘了汉代庄园生活中的多种农业形态，包括放牧、打猎、农耕等，也体现出农牧交汇的社会面貌。其中还有“二牛抬杠”这样细节的牛耕场景，说明当时中原先进的耕作方法已经推广至当地。

除了表现现实生活外，墓室壁画中还绘有孔子弟子、孝子和列女，这些都是汉代儒家文化中的道德榜样。墓室中还绘制了大量祥瑞，也是汉代谶纬学说盛行之下的见证。可见墓主虽然长期在边疆地带就职，但仍是儒家教育背景下选拔出的官员，具有深刻的儒家文化烙印。

和林格尔汉墓壁画不仅展现了一幅波澜壮阔的汉代生产生活画卷，更展现了农业文明与游牧文明的交流，以及汉民族和游牧民族的交往。

参考文献

[1] 黄盛璋 :《和林格尔汉墓壁画与历史地理问题》,《文物》1974 年第 1 期。

[2] 吴荣曾 :《和林格尔汉墓壁画中反映的东汉社会生活》,《文物》1974 年第 1 期。

[3] 盖山林 :《和林格尔汉墓壁画》，呼和浩特 : 内蒙古人民出版社，1977 年。

[4] 宋志民 :《< 和林格尔汉墓壁画 > 的几点我见》,《四川大学学报》(哲学社会科学版) 1980 年第 1 期。

二十三
“五星出东方利中国”锦护膊

护膊呈圆角长方形，长 18.5 厘米，宽 12.5 厘米，现藏于新疆维吾尔自治区博物馆。护膊以白绢镶边，两条长边上各缝有三条长绢带，锦面由蓝、红、黄、绿色线织成。由于新疆气候干旱，织锦虽然埋入地下 2000 余年，但是仍然保持鲜艳的颜色。织锦以蓝色为底，上面装饰有各种瑞兽纹和云纹，最引人注目的便是上面出现的“五星出东方利中国”的文字。

护膊出土于塔克拉玛干大沙漠南缘的新疆维吾尔自治区民丰县尼雅遗址的一座古墓中，该遗址被选入“1995 年全国十大考古发现”。早在 20 世纪初，英国探险家斯坦因就发现了这处遗址，并发现了包括文书、陶器、木雕等大量珍贵文物。他认为这处遗址就属于历史文献中提到的精绝古国。

东汉时期，中央政府为了抵御匈奴，经略西域，派遣班超在西域驻扎数十年，联合西域三十六国一同抵抗匈奴的进攻。这些西域国家有些一直保持了较强的实力，甚至发展为边塞重镇，还有一些则由于各种原因，最终消失在了茫茫大漠之中。斯坦因所提到的精绝古国在古代文献中有多处记载，《汉书 · 西域传》中记载：“精绝国，王治精绝城，去长安八千八百二十里。”《后汉书》《三国志》等史书中也有所提及。不过精绝国后来为鄯善国所占领，便在历史的长河中逐渐消亡了。有学者根据遗址中出土的佉卢文文书考证，认为尼雅遗址实际包括了汉代精绝国和魏晋鄯善国凯度多州两个时期的遗物和遗存。在斯坦因之后，为了以科学的田野发掘手段揭开尼雅遗址的神秘面纱，20 世纪 90 年代，中国与日本两国考古学家组建了联合考古队，也是在此次发掘中发现了这件护膊。

有丝绸研究者认为，这件护膊所用织锦实为蜀锦，产自四川，后通过商贸等手段进入西域，织锦的制作工艺十分精巧。近年来文物工作者利用成都老官山汉墓中的蜀锦织机，历经坎坷才成功复原了织锦上的纹样，但是仍与历史文物有所差别。

织锦上的“五星出东方利中国”经学者考释，认为是中国古代天文星占中的占卜用语，其实是指五颗行星同时出现在东方的天文现象，古人认为这种天象利于中国，只是古人概念中的中国仅指中原地区，而与现在有区别。而且墓葬中还出土了另一件织锦，上面织有“讨南羌”图案，经过复原可知，这件护膊应该是从一块完整织锦上裁剪下来的。完整的文字纹样应为“五星出东方利中国讨南羌”，恰与文献记载中，汉代人选择在五星同出时采取重大军事行动相呼应。

这件织锦不仅彰显了汉代高超的丝织技艺，也体现出当时蜀锦向西域的流通，而织锦上星占卜辞的出现，也说明了中原汉文明对西域各民族的影响。

参考文献

[1] 于志勇：《新疆尼雅出土“五星出东方利中国”彩锦织文初析》，《西域研究》1996 年第 3 期。

[2] 刘文锁：《尼雅遗址历史地理考略》，《中山大学学报》（社会科学版）2002 年第 1 期。

[3] 王晨：《从尼雅遗址出土汉锦特点谈蜀锦技艺》，《纺织科技进展》2016 年第 1 期。

二十四
楼兰汉文木简

1980年，新疆考古工作者组成楼兰考古队，发掘出土汉文木简63枚，这些木简是魏晋时期楼兰驻军的公私文书。竹、木简是春秋战国至两晋时期人们书写的重要载体，单独一片竹或木叫作简，若干竹条或木条编连而成的叫策。由于保存环境的影响，很多古代的竹、木简文书未能保存下来，但在气候干燥炎热的新疆地区，竹、木简和纸质文书得以完整留存。这些文书大多是书信记事或公文报告，这对于研究当地古代社会政治、经济、文化等具有重要意义。

“楼兰”之名始见于《史记·匈奴列传》，是西汉时期西域的三十六国之一，位于今新疆维吾尔自治区东部罗布泊的西北岸，楼兰国东起古阳关附近，西至尼雅古城，南至阿尔金山，北至哈密。楼兰地处丝绸之路的交通要道，是西汉王朝经营西域的门户，楼兰古城是汉晋时丝绸之路上的重要城市，也是楼兰国前期的政治、经济中心，公元4世纪以后，这座古城逐渐被废弃。1900年，瑞典探险家斯文·赫定在当地向导的指引下重新发现了楼兰古城，这座古城位于新疆维吾尔自治区巴音郭楞蒙古自治州若羌县，与若羌县城直线距离220千米。随着考古发掘工作的开展，楼兰古城的神秘面纱逐渐被揭开，其四面城墙长约330米，总面积达10多万平方米，基本呈正方形。

从1901年开始，楼兰古城先后有五批汉文木简、残纸文书出土，但大部分被斯文·赫定、斯坦因、橘瑞超等外国探险家劫掠流落到国外，收藏于世界各地。这些文书内容为书信或公文，文字书写随意性很强，很多字体草率，木简大多呈长条形，书写的汉字大小不一，错落有致，自成体系，字体包括隶书、楷书、行书、草书等，具有丰富的创造力。1930年和1933年，我国考古学家黄文弼两次进入罗布泊，在楼兰古城发掘出70余枚汉文木简，其中4枚有明确纪年，最早为西汉宣帝黄龙元年（公元前49年），最晚为西汉成帝元延五年（公元前8年），由此确定了著名的土垠为西汉时期的遗址，同时还出土有大量五铢钱、铜镞、漆器、丝绸和毛织品等500多件文物。1980年，新疆考古工作者组成楼兰考古队，发掘出土汉文木简63枚，这些木简是魏晋时期楼兰驻军的公私文书。

楼兰古城出土的汉文木简，反映了这个时期书写载体由简牍向纸质逐渐过渡，对研究两汉魏晋时期书体演变和书法艺术具有重要价值。同时，这些文书内容涉及汉晋时期军队屯田戍边、公私文函、官吏往来、开垦农田等内容，反映了中原戍边官兵的生活状况，表明中央政权对西域地区的管理和控制，也体现了中原文化在西域的传播，是西汉通西域后最早的一批文字记录，对于深入了解楼兰地区的政治、经济、文化等，提供了十分珍贵的实物资料。

参考文献

[1] 李宝通：《楼兰汉文简牍文书的发掘与整理》，西北师范大学文学院历史系、甘肃省文物考古研究所编：《简牍学研究》(第一辑)，兰州：甘肃人民出版社，1997 年。

[2] 胡平生：《楼兰出土文书释丛》，《文物》1991 年第 8 期。

[3] 张丽娜：《楼兰出土文书的整理及其意义》，《丝绸之路》2016 年第 8 期。

二十五
釉陶井

青海大通上孙家寨汉墓釉陶井，器身遍施绿釉，高 21 厘米。井身为圆形，井架上有小屋，井边还放置了汲水器物，生动还原了汉代日常生活中的水井，其形制也与同时期其他地区汉墓中的陶井无异。

由于陶器透水性较强，古人发现可以通过在陶器上施釉，加强器物的光泽美观度和密封性。随着施釉工艺的普及，人们不仅将其用于日常生活中的实用器，还应用于丧葬明器的制作。汉代厚葬之风盛行，人们常制作各种陶器模型放置在墓葬中起到象征实物的作用，其中以井、仓、灶等在汉代生产生活中不可或缺的设施为蓝本制成的陶器模型在汉墓中较为流行。

青海省大通回族土族自治县上孙家寨有多座汉墓，早至 20 世纪 80 年代，人们便已发掘 100 余座。随着考古工作者对这批墓葬出土器物和墓葬形制的梳理，以及对周边不同时代文化遗存的研究，人们发现这批墓葬的墓主族属问题较为复杂。

上孙家寨恰好处于河湟之间，即古籍中的“湟中”地区，这里除了发现了汉墓群，还发现了卡约文化、辛店文化、齐家文化等新石器时代遗存。在秦代以前，是古羌人所居之地。到了秦代，匈奴击败大月氏，迫使其西迁，其中便有部分大月氏人进入湟中。此后随着汉代中央政府对匈奴的征伐，对西部边陲掌控力增强，有很多汉人也迁入此地，使得此处成为一个多民族共居之所。值得注意的是，此墓群中还有一座东汉墓葬出土了一枚“汉匈奴归义亲汉长”铜印，似乎明确表明了墓主为匈奴人。但是根据考古学者的研究，这里的“匈奴”可能并非其主部，而是起源于祁连山卢水一带的匈奴别部，史称“卢水胡”，他们与青海地区的羌人来往密切，后来可能有一部分卢水胡迁入了湟中地区。无论史实是否如学者所推测，但至少说明东汉时期匈奴某部也曾在此地生活，这一地区的民族杂居趋势越发明显。然而这批汉墓在墓葬形制和随葬品如墓中出土的釉陶井等方面，表现出了与其他地区汉墓存在的巨大共性，中原文化占据了墓葬文化的主导地位，这体现出该地区人民对中原文化的接纳。

随着科技手段的进步，DNA 技术为了解古代人群来源提供了较大帮助。近年来有学者通过该技术分析了青海上孙家寨约 3000—3300 年前和 2000 年前的不同年代墓主的牙齿样本，人们发现在 3000 年前的卡约文化时期，这里生活的人群与现代西南地区的藏缅语族人群更为接近，但是汉代居民则与现代汉人更加接近，也从体质人类学的角度证明了该地区历史上少数民族与汉民族的融合。

参考文献

[1] 任晓燕：《上孙家寨汉墓群族属初探》，《青海民族学院学报》（社会科学版）1988 年第 4 期。

[2] 张芃胤、徐智、许渤松等：《青海大通上孙家寨古代居民 mtDNA 遗传分析》，《人类学学报》2013 年第 2 期。

二十六
桂平铜鼓

1972年在广西桂平出土了一件铜鼓。此件铜鼓体形高大轻薄，鼓面宽大，装饰太阳纹，有十二道光芒，鼓胸略大于面径，鼓腰上部略直，最小径在中部，鼓足较高。腰部有宽扁的两耳，另有半圆拱形小耳一对。铜鼓通体饰有变形划船纹、云雷纹和水波纹等，鼓面边缘铸有立体蹲蛙四个，其间铸有两组牛拉楼塑像。

铜鼓是我国古代社会中具有特殊意义的一种铜器，最初作为一种打击乐器，后来逐步演变为权力和财富的象征。作为一种重器或礼器，在祭祀活动中具有重要作用。铜鼓分为面、胸、腰、足、耳五部分，制作工艺考究，用以铜为主的铜、锡、铅等合金铸造而成，大小和轻重不一，鼓面多铸有太阳纹、云纹、乳钉纹等纹饰。目前，最早的铜鼓发现于春秋战国时期，而汉代铜鼓制作最为精美、类型丰富，根据铜鼓的流行区域和样式差异，可将其分为滇系和粤系两大系统。铜鼓的类型包括万家坝型（春秋中期至战国中期）、石寨山型（战国初期至东汉初年）、冷水冲型（西汉晚期至北宋时期）、遵义型（五代至元代）、麻江型（南宋初期至清代晚期）和北流型（西汉至唐末）、灵山型（东汉末期至晚唐）和西盟型（唐代至清代末期）。一般认为铜鼓大约在公元前 8 世纪的我国云南中部产生，即万家坝型铜鼓，其后随着民族迁徙和文化交流，沿着大江大河传播到南方的广西、广东、贵州、四川、重庆、湖南等地，以及东南亚各国。

广西境内铜鼓分布广泛，很多地方都有古代铜鼓的出土和流传。桂平是广西出土铜鼓较多的地区之一，据《桂平县志》记载，当地明代万历年间就出土有 2 件铜鼓，目前出土和征集铜鼓多达 50 多件。广西地区铜鼓文化流行时间较长，最早为田东县战国墓葬出土的铜鼓，《后汉书》也记载东汉初年伏波将军马援征交趾时，获得“骆越铜鼓”，三国至隋唐是广西铜鼓的大发展时期，铜鼓遍布广西各地。从汉代到唐代，铜鼓由乐器逐渐转变为少数民族首领权力的象征，宋代以后，铜鼓的地位逐渐下降和衰落，但时至今日，广西很多地方的壮、瑶、苗、彝等民族，在一些重要活动中仍然使用铜鼓。

铜鼓作为一种长期流行的器物，集冶金工艺、雕刻绘画、音乐舞蹈、宗教信仰于一身，对于研究这些民族的政治、经济、文化具有重要价值。

参考文献

[1] 李伟卿：《中国南方铜鼓的分类和断代》,《考古》1979 年第 1 期。

[2] 郭立新、万辅彬、姚舜安：《论冷水冲型铜鼓的三个地方类型》,《广西民族学院学报》(哲学社会科学版) 1997 年增刊。

[3] 蒋廷瑜主编：《广西铜鼓》，南宁：广西民族出版社，2016 年。

二十七
马头鹿角金步摇冠饰

步摇冠高 16.2 厘米，重约 70 克，1981 年出土于内蒙古自治区包头市达茂旗一座南北朝时期的古墓中，现藏于内蒙古博物院。冠饰制作精巧，采用了锤揲、镶嵌、焊接等多种工艺。其外形轮廓模仿自马和鹿，惟妙惟肖，十分生动。马首上镶嵌宝石，鹿角则由主干向上分支，每个枝梢上都悬挂一片桃形金叶，反映出北方民族对当地动物的细致观察，以及对动物纹饰的偏爱。

步摇冠是一种头部装饰物，在器物的主体上装饰有可以晃动的叶片和其他细小部件，在人走路时可以随行动摇晃。在我国，此类饰品兴起于汉代，自晋代起在慕容鲜卑中较为盛行。

不过这种装饰品最早起源于域外，目前学界普遍认为这种头部装饰品源自阿富汗的大月氏金冠，又推测这一饰品传入东方后，可能存在两个传播方向：一个是进入中原地区，与汉文化相结合，也因此获得了“步摇”这样一个中国的名称，与大月氏金冠是一种独立佩戴的饰品不同，而是融入中国传统的服饰之中，成为发笄尾端的装饰；另一个方向则是传入北方长城内外的草原地带，发展出与中原不同的形制，成为一种独特的冠饰即步摇冠，或装饰于冠笼之上，或直接插入发髻中。

目前可见最早的北方步摇冠发现于内蒙古的鲜卑墓葬中，学界普遍认为目前在北方发现的两晋时期步摇冠多与鲜卑的一支，即慕容鲜卑有紧密关联。鲜卑属于东胡民族，随着部落的逐渐壮大和分化，在汉末便出现了“慕容”一部，这一支在两晋时期不断壮大，从东北逐渐向东扩张，在十六国时期先后建立了数个政权。有学者根据《晋书》中的记载认为慕容部即因喜爱佩戴步摇而被时人呼为“步摇”，后因音讹被传为“慕容”，这一说法的正误尚不得而知，但是从考古发现来看，慕容鲜卑确实对步摇这种装饰十分偏爱。辽宁地区发现的鲜卑墓葬中集中出现了多件步摇，被认为是当时当地较为重要的考古学文化特征，甚至可以作为判定墓葬年代的标识物。在慕容鲜卑统治之下的辽西地区，东汉末年以降吸纳了众多来自中原地区躲避战乱的汉族流民，其中应该也包括了金银器的制作工匠，他们为步摇冠的制作贡献了自己的智慧。而这些出自鲜卑文化的步摇冠也很有可能反之影响了中原地区步摇的制作。这种头部装饰后来还传向了更向东的朝鲜半岛和日本列岛，从形制和装饰特征来看，其来源或许也是慕容鲜卑的三燕文化。步摇不仅反映了北方草原民族与中原农耕民族的交往，也反映了中外文化交流的繁荣。

参考文献

[1] 徐秉琨 :《步摇与慕容鲜卑》,《文史》2014 年第 4 期。

[2] 田立坤 :《步摇冠源流考察》,《北方文物》2021 年第 6 期。

[3] 吴松岩、赵菲 :《十六国早期拓跋部与慕容部联姻考——从内蒙古达茂旗出土金步摇冠饰谈起》，载《边疆考古研究》(第 29 辑)，北京 : 科学出版社，2021 年。

二十八
丁家闸5号墓壁画

壁画位于丁家闸5号墓的前室西壁，表现的是宴饮伎乐的场景，是该墓中绘制技法最精致的部分。画面中第一人为男乐伎，弹奏箜篌，后三人为女乐伎，分别拨弹琵琶、吹奏长箫和拍打腰鼓；乐队下方还有两位女伎，赤足，双手作倒立状。这些人物构图摆脱了汉代墓室壁画均匀并列的格式，对人物形象进行了细微的描绘，展示出人物的个性。画面色彩丰富，明暗、虚实、浓淡相互呼应，基本具备了绘画六法的要求，反映了汉代简朴画风向两晋精微画风的转变。

丁家闸 5 号墓位于甘肃省酒泉市肃州区丁家闸的戈壁滩上，1977 年进行了清理发掘，出土有陶器、铜器、金片、石砚、钱币等。这座墓葬由照壁、墓门、前室、过道、后室五部分组成，距地表 12 米，坐西朝东，墓道长 33 米，宽 1.42 米，墓室总长 8.46 米。前室长 3.22 米，宽 2.32 米，高 3.36 米，为方形覆斗顶，有象征性的院落和台阶，四壁和顶部都绘有壁画，可分为天上、人间、地下三个部分，题材包括东王公、西王母、社树、天马、墓主人宴饮伎乐等。后室长 3.32 米，宽 2.76 米，高 2.52 米，为长方形券顶，后壁上绘有庆云、奁盒、拂尘、弓箭、绢帛等。从出土器物和壁画内容来看，墓主人应具有较高的身份地位。

丁家闸 5 号墓地处河西地区，这一区域作为中西交往的咽喉要道，历史文化悠久，也是多民族汇聚之地。自汉代开始实行移民实边政策以来，大量外来的人群迁入河西地区。到魏晋十六国时期，由于中原地区战乱，而河西地区位于偏远之地，受中原战乱影响较小，政局相对稳定，因此很多人口迁入这一区域定居。大量移民的到来，使当地的人群构成和社会状况发生了很大的变化，这些迁入的人群，带来了中原地区先进的生产技术和文化思想，使得河西成为保存中原文化传统较好的地区。魏晋时期中原地区大多实行薄葬，但在河西地区，由于社会相对安定，厚葬习俗依然流行，丁家闸 5 号墓规模宏大，壁画绘制精美，是当地世家大族丧葬习俗的反映。

丁家闸 5 号墓的墓室壁画保存完整，是目前中国境内发现最早的魏晋时期壁画墓，被称为“地下画廊”“地下博物馆”，对研究中国古代文化史和美术史具有很高的艺术价值。同时，这些墓室壁画的题材、绘画技法和丧葬思想，明显深受中原地区的影响，反映了中原文化对河西地区的深远影响。此外，丁家闸 5 号墓的墓室壁画，也与敦煌北朝壁画有很多相似之处，这为探讨敦煌壁画的艺术渊源问题提供了重要的实物资料。

参考文献

[1] 吴礽骧:《酒泉丁家闸五号墓壁画内容考释》,《敦煌学辑刊》1983 年总第 4 辑。

[2] 谢敏 :《酒泉丁家闸墓室壁画探析》，湖北美术学院硕士学位论文，2015 年。

[3] 黄兆宏、张相鹏:《内迁与整合——魏晋时期入迁河西地区移民的历史考察》,《石河子大学学报》(哲学社会科学版) 2016 年第 1 期。

二十九
“晋乌丸归义侯”金印

金印高2.25厘米，底面2.3厘米见方，现藏于内蒙古博物院。印呈扁方体，背面有蹲式驼纽。1956年出土于今内蒙古自治区乌兰察布市凉城县的一处金银器窖藏，位于拓跋力微部的核心区——盛乐古城不远的位置，窖藏中的一面金牌饰上刻有“猗㐌金”三字，猗㐌是拓跋力微之子，也说明了该窖藏与拓跋鲜卑的深厚渊源。与之同出的还有“晋鲜卑归义侯”金印和“晋鲜卑率善中郎将”银印。窖藏中还出土了多种金饰，包括牌饰、耳饰、戒指等。

印章是一种表示鉴定和签署的重要文具，我国的印章文化源远流长，直至今日仍活跃于我们的日常生活中。

乌丸即为乌桓的别称，和林格尔汉墓的壁画已经反映出东汉王朝对乌桓的管辖。只是到了东汉末年，由于中原陷入战乱，辽东、辽西等地的乌桓首领趁乱称王，统一诸部。汉建安十二年（公元 207 年），曹操远征乌桓，乌桓归降者甚众，并迁移部分乌桓人入中原。此后乌桓又联合鲜卑反叛，再次被中央政府打败，乌桓的实力被大量削弱，逐渐依附于鲜卑，并与之融合。自魏晋以后，乌桓与多民族杂居，民族成份变得更加复杂。

虽然这一窖藏中出土了一枚象征乌桓首领地位的金印，但是学者们普遍认为这是一处属于早期拓跋鲜卑的遗迹，学界对该窖藏出土了不同族属、不同品秩印章的现象开展了诸多讨论。从现存的两晋时期中央政府赐给边疆民族的官印来看，赐铜印较为普遍，而金印较少，据学者推测，该窖藏中的金印可能是由西晋末年的边疆大吏擅自赏赐给少数民族首领的，这三枚金印可能分属三个主人。虽然窖藏出现的原因众说纷纭，但是其仍可证明当时鲜卑与乌桓的紧密联系。这一窖藏中出土的金饰仍以狼、狐、马等动物图案为主要装饰，体现出当时的拓跋鲜卑仍以草原游牧为主。从对盛乐古城开展的考古发掘来看，当时的城邑规模较小，拓跋鲜卑的农耕经济比重在上升，出现了定居的趋势。一直到北魏初年，拓跋珪才开始离散部落，促使鲜卑走向农耕化。从都盛乐城再到迁都平城，拓跋鲜卑最终在南北朝的混乱局面中一统北方。而乌桓则游走在多个民族之间，形成了所谓“杂胡”，《魏书》中提到“其诸方杂人来附者，总谓之‘乌丸’”，最终在夹缝中消失于历史长河。

参考文献

[1] 李逸友：《内蒙古出土古代官印的新资料》，《文物》1961年第9期。

[2] 张景明：《内蒙古凉城县小坝子滩金银器窖藏》，《文物》2002年第8期。

[3] 郭硕：《拓跋氏与魏晋政权的早期关系——兼论拓跋早期民族交往史料的辨析问题》，《烟台大学学报》（哲学社会科学版）2018年第6期。

三十
霍承嗣墓壁画

壁画位于霍承嗣墓的墓室西壁下方，被称为《夷汉部曲图》。画面中有四层人物，最上一层为手执曲柄长刀、穿着短褂长袴与靴子的男子，共计 13 人；其下两层为披毡、赤足、束发的人物，毡为灰褐色、黄色、黑色或红色，共计 27 人；最下一层为骑马武士，现留存有 4 人。这些人物形象由汉族和当地少数民族组成，很可能是霍承嗣生前的“部曲”，即豪门大族的私人军队，带有人身依附性质。这些人物形象，也与《华阳国志·南中志》中“夷为家部曲，得多者奕世袭官……以渐服属于汉，成夷、汉部曲”的记载相一致。

霍承嗣墓 1963 年发现于今云南省昭通市昭阳区西北后海子中寨，墓葬坐北朝南，墓室外有高大的封土堆，南北进深 3.05 米，东西宽 2.8 米，高约 2.6 米，南面有石门两扇，门外左右各有一个小龛。该墓是云南首次发现的古代壁画墓，墓葬用石条砌筑，墓室平面为正方形，顶为覆斗形，墓顶和墓室表面抹有石灰，四壁绘有丰富的彩色壁画，并有隶书、楷书、行书等多种字体的题记。墓室壁画可分为上、下两部分，中间用带形图案分隔，上部多为神话题材，下部多为现实生活，这些壁画的画风古朴，构图、比例较简化，应为当地民间工匠制作。

霍承嗣家族属于当时的"南中大姓"，即汉晋时期在云南、贵州、四川南部、广西西部落户定居的汉人豪强。"南中大姓"主要是汉武帝平定西南夷、设置郡县以来，从中原地区迁徙而来的汉人后裔，由于这些区域当地民族众多，地理环境恶劣，这些汉族移民只能以血缘关系为纽带，聚集生活在一起，从而形成"大姓"。到东汉晚期，这些"大姓"逐渐成为南中地区的主导力量，代表性的有爨、孟、李、董、毛、吕等，他们拥有私人武装和地盘，与当地民族首领进行联姻。诸葛亮南征以后，采取笼络大姓的方法，因此南中大姓与朝廷之间的关系比较稳定，其势力也不断发展。

霍承嗣墓虽然有一些地方特色，但其形制、图像布局与题材，与中原地区同时期的壁画墓基本上保持了一致。霍承嗣墓的壁画，反映了东晋时期民族之间文化的交流，表明中原文化对边远地区的影响，但其本身也受到了少数民族文化的影响，在文化习俗和思想观念都体现出一种融合的发展趋势。这幅《夷汉部曲图》，是当时南中大姓生活的真实反映，其中披毡、赤足、束发的人物形象，与现在凉山彝族的“察尔瓦”“头梳”“天菩萨”等形象类似，是研究民族文化史的重要材料，而“夷”“汉”同为当地大姓的部曲，也是当时民族融合的体现。

参考文献

［1］云南省文物工作队：《云南省昭通后海子东晋壁画墓清理简报》，《文物》1963年第12期。

［2］胡振东：《昭通东晋壁画墓墓主考》，《思想战线》1980年第4期。

［3］杨雪吟：《从霍墓壁画汉晋时期滇东北社会与民俗》，云南大学硕士学位论文，2000年。

［4］李明:《云南昭通后海子东晋霍承嗣墓葬艺术研究》,《四川文物》2019年第4期。

三十一
好太王碑

碑身为角砾凝灰岩粗凿而成，方柱形，高 6.39 米，幅宽不等，底部宽 1.34—1.97 米，顶部宽 1—1.60 米，第三面最宽处达 2 米。四面环刻汉字，隶书。自右至左竖刻，共 44 行，满行 41 字，共 1775 字，东南面为第一面。此碑系高句丽第二十代王长寿王为其父亲十九代王好太王所立。碑文涉及高句丽建国传说，好太王功绩及当时东北、朝鲜半岛与日本列岛倭人之间的关系，为中外学者所珍视。1961 年，该碑连同洞沟古墓群一起被国务院批准公布为第一批全国重点文物保护单位。

高句丽政权的历史可追溯至西汉时期，扶余人朱蒙在玄菟郡境内建立，初期建都于今辽宁省桓仁县，后迁都至今吉林省集安市，之后又迁都于今朝鲜平壤。国力最盛时，可谓称雄于朝鲜半岛，多次击败同时期朝鲜半岛的新罗和百济政权，向西则跨过辽水，直到唐朝多次大败高句丽与百济，高句丽灭亡。高句丽存国数百年，也留下了诸多文化遗产，在我国东北的鸭绿江边与朝鲜的汉江流域均保存有数量众多的高句丽墓葬。2004 年，中国高句丽王城王陵及贵族墓葬成为世界文化遗产。

好太王碑是高句丽第十九代王广开土境平安好太王的墓碑，立于东晋安帝义熙十年（公元 414 年），由第二十代王长寿王为其父所立。这块石碑由一整块天然石柱雕琢而成，目前仍可辨认出 1000 余字。碑文首先介绍了高句丽建国神话，以及前三王的世系传承，介绍了好太王在位时安定的统治局面。之后介绍了征讨辽东、新罗等地的赫赫战绩。最后则介绍了好太王陵守墓烟户的来源与数量。记载了东北亚古代国家关系的重要史实，且部分内容为中国、朝鲜、韩国、日本的史书所未载。自光绪三年（公元 1877 年）此碑被发现，便吸引了多国学者的关注和研究。

好太王陵由大量石条、石块构筑，呈截尖方锥式阶坛形，四边由巨石倚护。因为好太王碑的发现，该墓是现存高句丽王陵中唯一可以确定年代和墓主身份的墓葬。墓里还出土了多件文字砖和莲花瓦当。墓葬虽然表现出浓厚的高句丽特色，但是墓碑和碑记内容都体现出中原文化对高句丽的影响。

高句丽本就诞生于汉王朝的领土之中，深受中原文化影响，在东汉末年之后，也与先后割据东北的公孙氏政权和后来十六国时期的三燕政权多次交锋，始终与中原文化保持交流。平壤的一处高句丽墓葬，墓主名冬寿，其原是一位前燕将领，而后奔逃至高句丽。同样位于平壤的德兴里壁画墓则与汉代墓葬中的壁画在主题和形式上有诸多相似之处。而后中原进入南北朝时期，高句丽仍然与南北方政权有诸多交流，双方频繁互遣使者，且在墓葬文化上仍有相同之处。高句丽亡国后,其中也有部分民众融入汉族。高句丽存国期间深刻影响了朝鲜半岛和东北亚的局势，却也同时深受中原文化熏陶，对我国东北少数民族的形成有所铺垫。

参考文献

［1］耿铁华 :《好太王碑与东北亚古代国家关系》,《东北史地》2015 年第 4 期。
［2］耿铁华:《高句丽历史与文化研究百年综述》,《社会科学战线》2019 年第 8 期。

三十二

统万城遗址

统万城遗址位于今陕西省和内蒙古自治区交界处，为十六国时期匈奴铁弗部赫连勃勃建立的大夏国都城遗址。

自公元 304 年刘渊及李雄各自建立汉赵及成汉起，至 439 年北魏太武帝拓跋焘灭北凉为止，其间 100 余年间相继出现了由主要为匈奴、鲜卑、羯、氐、羌五个少数民族建立的十六个政权，北魏史学家崔鸿曾著《十六国春秋》记录此段史事。这一动荡时期加速了不同地区与民族间人群的流动，碰撞与冲突之下也促成了文化的交流与融合。

北方民族长期逐水草而居，但是受到中原王朝的影响，也开始兴修固定的都城。《晋书 · 赫连勃勃载记》提到赫连勃勃“乃赦其境内，改元为凤翔。以叱干阿利领将作大匠，发岭北夷夏十万人，于朔方水北、黑水之南营起都城”，“蒸土筑城，锥入一寸，即杀作者而并筑之”，城池建造极其坚固。

考古工作者根据地层堆积和周边征集的相关文物，又结合历史文献，基本确定了位于无定河边的“白城则（子）”便是统万城。经过考古发掘发现，统万城遗址主要由西城、东城及外郭城构成，均为长方形。东西两城并列，坐东北面西南。其中永安台位于西城南部中央，是城内的制高点。2012 年，考古工作者对东城中部偏北地面隆起的部分进行了考古钻探，发现了一组大型夯土建筑遗址，应是东城的主体建筑之一。马面是古代城墙防御体系的组成部分，统万城的马面保存较为完好，其中西城南垣外的九座最为壮观，自基础向上高达 12 米。

公元 428 年，赫连勃勃死后，统万城陷于北魏，此后历经北魏、西魏、北周、隋、唐、五代，至北宋时期，由于与西夏关系紧张，宋太宗最终决定毁城，将城内居民别迁他地。在统万城建城之初，该地遍布沼泽，考古工作者在对城址进行清理时也发现，该城建立在生土层上，建城之后才出现了生态变化。《新唐书》中便已经提到统万城周边的风沙问题，说明在唐代气候就已经较为恶劣，最终统万城被风沙掩埋。一直到清朝道光年间，统万城才重新被榆林府怀远县知县重新发现。

统万城历经 1600 余年，至今仍然矗立，该遗址位于毛乌素沙漠南缘，地处农牧交界地带，是农牧文化交融的历史见证。这座城池也是匈奴民族留下的唯一古城，承载着匈奴民族的古老文化。在十六国时期，统万城地区交通较为通畅，北上可进入蒙古草原，向东可到北魏首都平城，向西可抵河西走廊，向南可至长安。南来北往的多民族人群汇聚于此，我国北方地区活动的民族在统万城周边基本都可以找到他们活动的踪迹。矗立千年的统万城遗址历经岁月风沙，更见证了民族间的交往交流交融。

参考文献

[1] 吴洪琳：《十六国北朝时期统万城附近活动的民族》，《中国历史地理论丛》2015 年第 4 辑。

[2] 邢福来：《流沙半掩赫连城：统万城考古纪实》，《大众考古》2016 年第 7 期。

三十三
蝉纹金珰冠饰

冠饰长 5.2 厘米，宽 4.9 厘米，现藏于首都博物馆，出土于北京顺义临河村北朝墓葬中。该金珰顶部起尖，圆肩，底平，呈佛龛状，中间饰镂空蝉纹，蝉首两侧各有一花枝，周身用细小金粟粒焊接而成。

金珰是武冠的冠前饰物，珰面常附蝉纹为饰，又另饰貂尾，合称“金貂”“貂珰”或“貂蝉”。这种金珰与武冠原属胡服。《续汉书·舆服志》记载：“武冠，一曰武弁大冠，诸武官冠之。侍中、中常侍加金珰，附蝉为文，貂尾为饰，谓之‘赵惠文冠’。胡广说曰：‘赵武灵王效胡服，以金珰饰首，前插貂尾，为贵职。秦灭赵，以其君冠赐近臣。’”《晋书·舆服志》也记载：“武冠……即古之惠文冠。或曰赵惠文王所造，因以为名。亦云：惠者，蟪也，其冠文轻细如蝉翼，故名惠文……天子元服亦先加大冠，左右侍臣及诸将军武官通服之。侍中、常侍则加金铛，附蝉为饰，插以貂毛，黄金为竿，侍中插左，常侍插右……或以为北土多寒，胡人常以貂皮温额，后世效此，遂以附冠。”

这种金珰在两晋十六国时期的高等级墓葬中多有出土，这些金珰中镂雕蝉纹、人物或神兽纹。最早公布的金珰实物是 1965 年从辽宁北票北燕冯素弗墓发掘出土的 3 件金饰，其中 2 件上有镂空蝉纹，另 1 件压印人物纹。此后，金珰在北京、江苏、山东、湖北和甘肃等多地的晋墓中又有发现。金珰作为舆服的重要组成部分，其形制有制度上的严格规定，纹饰与形状的不同应是等级不同的反映。两晋十六国时期“采秦汉之旧仪”，其中便包括金珰的使用，但与汉代相比，已有更为严格等级分类和制度化约束。东汉及其以后的金珰以蝉纹为主体纹饰，所以史籍中有时作“蝉珰”。蝉珰的含义，《晋书·舆服志》又载：“应劭《汉官》云：‘说者以为金取刚强，百炼不耗。蝉居高饮清，口在掖下。貂内劲悍而外柔缛。’又以蝉取清高饮露而不食，貂则紫蔚柔润而毛采不彰灼，金则贵其宝莹，于义亦有所取。”

秦汉至宋明时期，蝉是重臣的冠上饰物。在等级森严的封建社会，冠饰是最重要的饰物，以此标明身份和地位。蝉为冠饰始于秦汉时期，和赵武灵王的“胡服骑射”有关。在汉代，侍中、中常侍作为皇帝近臣都要加珰饰蝉以为标志，这种形制在魏晋南北朝相袭下来。金珰、金蝉与貂尾皆属于贵重之物，它们加饰于宦官近臣的冠上是一种荣誉的象征，表示了帝王对他们的恩宠，也是和其他官员区别的一种标志。南北朝后期，冠蝉的使用对象受到严格的限制，北周宣帝曾命所有侍臣去除附蝉，以彰显其至高无上的皇权地位。隋唐时期冠蝉制度较前代更加具体、规范，对宋、元、明几代冠蝉制度影响深远。

参考文献

[1] 吴爱琴：《古代冠蝉考释》，《中原文物》2013 年第 2 期。

[2] 韦正：《金珰与步摇——汉晋命妇冠饰试探》，《文物》2013 年第 5 期。

[3] 朱超龙、徐国栋：《战国至汉晋时期的金珰》，《北方文物》2021 年第 2 期。

[4] 刘川渤：《试论中国古代冠蝉的演变》，《中国国家博物馆馆刊》2021 年第 5 期。

三十四

嘎仙洞祭祖石刻

《魏书》中提到拓跋鲜卑起源于大鲜卑山，山上有一处标志物即鲜卑石室，《魏书·乌洛侯国传》首次记载了其具体情况："世祖真君四年来朝，称其国（乌洛侯国）西北有国家先帝旧墟，石室南北九十步，东西四十步，高七十尺，室有神灵，民多祈请。世祖遣中书侍郎李敞告祭焉，刊祝文于室之壁而还。"《魏书·礼志》则记载了祝文的内容。不过由于历代学者对乌洛侯国的具体位置有不同看法，导致人们对石室的位置判断也莫衷一是。不过，伴随着新中国成立以来，考古工作者在内蒙古和黑龙江等地发掘成果的不断累积，人们对鲜卑石室的认识逐步深入，最终在1980年，由米文平在大兴安岭北段发现了嘎仙洞遗址，并发现了北魏太平真君四年由李敞等人凿刻在石壁上的祝文，石刻尚可识读，且与《魏书》所记祝文相差不多。米文平又为祝文制作了拓片，绘制了石室平面图，还对洞口和石刻下方开展试掘。

嘎仙洞遗址为一天然山洞，洞口略呈三角形，宽约 20 米，高 12 米，主洞长 92 米，宽 27—28 米，最高处有 20 余米，洞穴内部较为平坦，逐渐上坡，大致可按地势分为四个部分。在探沟中还出土了陶片、兽骨及石器等。不过，该遗址最重要的发现仍是石刻祝文，并引起了学界对鲜卑石室的研究热潮，人们当时多将这一石室直接与拓跋鲜卑的起源地联系起来。不过，随着此后研究方法和角度的发展，更多学者意识到这一石室与石刻虽然可能确实是拓跋早期的遗迹，但是不代表其就如《魏书》所说，必然为拓跋鲜卑的起源地。但这并不影响嘎仙洞遗址及石刻祝文仍是研究北魏历史及鲜卑族源的重要实物，也是研究我国北方游牧民族历史的重要遗迹。太平真君年间，北魏已自盛乐迁都平城，进一步由草原部落向农业国家转变，其对汉族政权的模仿与日俱增。而《魏书》中记载北魏世祖遣使寻找和祭拜祖庭的行为，也是鲜卑的华夏化进程中，构建自己早期历史的一环，其祝文内容更表现出其对中原王朝深厚著史传统的模仿。

目前，学者们尚不能明确判断嘎仙洞遗址的年代，从祝文的角度，只能推测使用石洞的下限，但是无法了解其上限。洞中出土的器物从石器到陶器，年代缺环较多，而陶器的年代又很难脱离地层和其他共出遗物而判断。因此还需对嘎仙洞进行更为科学、系统的田野发掘和清理，尤其是利用 20 世纪 80 年代尚不具备的科技手段，以获取更多潜在的历史信息。如果将嘎仙洞遗址与其周围的其他鲜卑遗存建立联系，才能更好地了解嘎仙洞在鲜卑历史中扮演的角色。另外，由于当时条件所限，只绘制了遗址平面图而缺少剖面图，由于洞内光线较暗，可能忽略了一些遗迹现象。

因此对嘎仙洞遗址的研究仍赖考古工作者的继续工作，尚有很多围绕鲜卑早期历史的谜团等待解开。

参考文献

[1] 刘国祥、倪润安:《嘎仙洞遗址的发现及相关问题探讨》,《文物》2014 年第 11 期。

[2] 韩生存 :《从嘎仙洞、盛乐、平城到洛阳——拓跋鲜卑迁徙和发展历程》,《云冈研究》2021 年第 2 期。

三十五
龙门石窟宾阳中洞

宾阳中洞是北魏时期代表性的洞窟，是北魏宣武帝为他的父亲孝文帝作功德而建。宾阳中洞造像完整，构图精美，纹饰多变，被誉为北魏孝文帝迁都洛阳前后最具代表性的汉化典型洞窟，它在中国佛教发展史和美术发展史上都占有着十分重要的地位。

龙门石窟位于今河南省洛阳市，与甘肃敦煌莫高窟、山西大同云冈石窟、甘肃天水麦积山石窟一起并称为中国四大石窟。石窟所处龙门峡谷中有伊水穿过，龙门古称“阙塞”，在战国时代便是重要战场，至北魏时期，此地仍是重要关口。龙门石窟始凿于北魏孝文帝年间。孝文帝深受汉文化影响，于太和十八年（公元 494 年）将北魏都城由平城迁至洛阳，以求更好地控制南部疆域，进一步南伐。根据石窟题刻记载，龙门石窟年代最早的洞窟为古阳洞，其开凿缘于孝文帝为祖母文明太后追福，窟内集中了大量北魏皇室成员的造像及题刻，其中的造像形态仍与平城时期开凿的云冈石窟有诸多相似之处。

宾阳洞较之古阳洞则体现出更多汉化色彩。孝文帝在迁洛数载后即英年早逝，其子宣武帝为父母作功德而修建了宾阳洞，又可细分为南、中、北三洞，是孝文帝迁都洛阳后最具有汉化代表性的石窟。宾阳中洞在其中最为著名，完成于正光四年（公元 523 年）。该窟的设计和规划非常具有整体性，窟楣处刻绘浮雕火焰纹，中间刻兽头，门拱两端为首尾相顾的双龙。窟口的两侧分别雕有仿木结构的屋形龛，这是一种佛教传入中国以后特有的龛形。洞窟门的两侧刻有头戴宝冠的力士，但是其形象已近似中国传统的门神。洞窟的正壁雕凿有以释迦为中心的五尊雕像，即一佛二弟子二菩萨，窟内还雕刻有维摩诘与文殊辩论图，以及著名的已经被盗往美国的帝后礼佛图。主尊释迦牟尼佛通高 8.4 米，内着僧祇支，外披双领下垂式大衣，下身着长裙，胸前佩有较宽的腰带结，衣着已完全汉化，这种衣着明显受到当时中原及南朝士大夫服饰的影响，即所谓的“褒衣博带”式。但是佛像的头部仍为旋涡状发型，头顶为球状高肉髻，仍有太和造像遗风。佛像的脸部较长，眉毛呈半弧形，面露微笑，体现出与云冈石窟不同的造型美感，更富中原地区的审美趣味。这尊雕像体现出鲜卑在汉化过程中，两种民族文化交织碰撞的特点。

以宾阳中洞为代表的龙门石窟北魏造像体现出了外来文化、鲜卑文化及中原文化三方的影响，也体现出北魏石窟造像向汉化的彻底转变，形成了“秀骨清像”“褒衣博带”的中原审美面貌。

出于政权发展阶段的种种考量，北魏先后迁都两次，其间与汉文化逐步融合，这一融合趋势体现于姓氏、衣着和社会风俗等种种方面，也折射于宗教美术。迁洛后的北魏造像艺术愈加模仿“魏晋风度”，这一样式也深刻影响了此后隋唐石窟造像的发展。

参考文献

龙门文物保管所、北京大学考古系编：《中国石窟·龙门石窟》（第一卷），北京：文物出版社，东京：平凡社，1991 年。

三十六
黄釉扁壶

该壶为陶器，通高 20.5 厘米，宽 16.5 厘米，现藏于河南博物院。扁壶为白色胎质，通体施黄釉，呈扁圆的杏核状，上窄下宽，形如皮囊，敞口短颈，两肩各有一穿孔。壶身两面似为同模印出的“胡腾舞”图案，图案中的乐舞者的形貌、着装均为胡人形象。这件黄釉扁壶整体釉色莹润，画面繁简得当，构图疏密有致，具有极高的艺术价值。

黄釉扁壶出土于河南省安阳市洪河屯村的北齐范粹墓，其所在地离北齐都城邺城不远，墓葬为一座坐北向南的土洞墓，于1971年清理，当时墓顶已经坍塌，墓室内部原来可能有彩绘，墓主范粹是北齐骠骑大将军，下葬年代为北齐武平六年（公元575年）。

北齐建国于公元550年，北魏灭亡后分裂为东魏和西魏，北齐开国君主文宣帝高洋是东魏权臣高欢的次子，高氏一族虽是汉人，但却深受鲜卑影响，其主要的政治倚靠是北魏孝文帝迁都洛阳以后镇守代北的六镇军民。孝文帝倡导汉文化，但也激化了与这些鲜卑旧势力的矛盾。北齐统治者为了安抚支持自己的政治势力，虽然拥有汉族血脉，但却自认为鲜卑人，而且采取了很多抵制华夏化的措施。

该墓出土了70余件陶瓷器，其中有4件形制相同的模制黄釉扁壶。壶身扁圆，上窄下宽，高20厘米，肩部两侧各有一孔供穿带，壶身遍施黄釉，颈部饰有连珠纹。而最为引人注目的是壶身上描绘的两幅乐舞场景。壶身刻画着五人一组的乐舞场景，中央一人在莲座上起舞，左手下垂、右手前伸，回首跳跃。左侧有一髭须者吹笛，另有一人侧身面向舞者，双手似乎在打拍子。右侧有一人弹奏琵琶，另有一人面向舞者击钹。这五人均深目高鼻，着紧袖胡服，外貌与衣着均与中原汉人相异。很多学者认为这便是西域“胡腾舞”的写照，唐人刘言史有诗句：“跳身转毂宝带鸣，弄脚缤纷锦靴软。四座无言皆瞪目，横笛琵琶遍头促。”魏晋南北朝时期虽战乱频仍，但是民族和地区间的交往也颇为深入，各族的乐舞艺术异彩纷呈，这一时期的墓葬遗物和石窟造像等都有很多反映不同风格的乐舞场景。

扁壶是一种携带酒水的容器，陶瓷器种类繁多，但陶瓷扁壶发现较少，因尺寸较小、器身扁平易于随身携带，较受游牧民族的欢迎。袁胜文根据造型和纹饰变化，将我国古代的陶瓷扁壶分为六期，其中第二期为北齐至隋。北朝时期，大量西域胡人迁居到我国北方，瓷器的种类与样式也受到西域民族文化的影响，与西方的同类型金属器有很大关联，扁壶也因此带有胡风色彩，流行纹饰有乐舞、对凤、驯狮、连珠纹等。到了唐代，扁壶的纹饰又吸纳了中原地区的文化因素，有中原化的倾向。

北齐仅存国 27 年，却对当时乃至隋唐的社会文化产生了较大影响，而统治者虽曾出手阻挡华夏化进程，但终究未能阻挡历史潮流，就如同曾深受西域胡风影响的扁壶最终也增添了华夏风韵，民族融合终是历史大势所趋。

参考文献

[1] 河南省博物馆：《河南安阳北齐范粹墓发掘简报》，《文物》1972 年第 1 期。

[2] 王克芬：《荟萃交流、异彩纷呈——论魏晋南北朝文化·乐舞》，《文艺研究》1998 年第 5 期。

[3] 崔敏侠：《略谈扁壶》，《文博》2006 年第 1 期。

[4] 冯恩学：《胡风扁壶的时代风格》，《北方文物》2013 年第 2 期。

[5] 袁胜文：《陶瓷扁壶的源流》，《中国国家博物馆馆刊》2016 年第 10 期。

[6] 赵维平：《丝绸之路上的胡旋舞、胡腾舞》，《音乐文化研究》2021 年第 1 期。

三十七
独孤信多面体煤精组印

这枚印章制作十分精巧，总共有八条棱和 26 个面，印面的形状有正方形、三角形，印章通高 4.5 厘米，宽 4.35 厘米，重 75.7 克，现藏于陕西历史博物馆。印章由煤精制作，煤精又被称作“煤玉”，常被制作为工艺品。印章上的文字均为阳文楷书，其中很多字的写法与后世相比不甚规范，恰恰反映出南北朝时期文字书写演变的历史背景。印文中出现了印章主人的名字独孤信，还有多个官职名称，如大司马、大都督、刺史等。

1981 年的秋天，两位陕西省旬阳市中学的初中生在当地的河滩上意外发现了这枚印章。这枚印章后被交给当地文化馆的工作人员保管，最终由陕西历史博物馆收藏，现为该馆镇馆之宝之一。

独孤信在《周书》中有传，原名独孤如愿，其先祖最早出自匈奴，但生于北魏鲜卑贵族，在北魏末年投奔尔朱荣。北魏灭亡后，投奔西魏权臣宇文泰，因善于带兵又长于治理地方，被宇文泰赐名“信”，封为西魏八大柱国之一。宇文泰死后其子宇文觉承袭其爵位，后成为北周的开国君主，但当时的朝政由宇文泰的侄子宇文护把持。独孤信与其他官员密谋铲除宇文护，却被宇文护发现，最终被逼自尽。

这枚印章的印文恰好反映出独孤信的位高权重，而且不同印文也体现了印章有行文、上书和书信等不同用途。这是目前发现的出土印章中印文最多的一枚，而且功能多样，它也是在现存印章实物中较为少见的。这枚印章流散到旬阳的原因还不甚清楚。

中国国家博物馆还收藏了一件《独孤信墓志》，出土于 1953 年，独孤信墓位于陕西咸阳底张湾，独孤信墓志出土时志盖已阙，志文也很简略，这可能与其获罪而死有关。

独孤信共有七个女儿，一女嫁给北周明帝宇文毓为皇后，一女嫁给原为北周权臣的隋代开国皇帝杨坚为皇后，还有一女嫁给了唐代开国皇帝李渊的父亲，可见其颇有识人之明。独孤信在死后被北周朝廷追谥为“戾”，却在隋代被隋文帝追赠太师、上柱国等称号，谥号“景”，在唐代又被追封。

独孤信其人生平生动展现出南北朝隋唐之际多民族间的交往，双方为巩固政治同盟等需要互结姻亲。而在这时由于多民族频繁互动，人们也普遍不将民族差异看得很重，或许这样的心态更激发了民族间的融合与交流。

参考文献

[1] 旬阳县博物馆:《旬阳出土的独孤信多面体煤精组印》,《文博》1985 年第 2 期。

[2] 于璐 :《中国国家博物馆藏 < 独孤信墓志 >（北周刻石）》,《书画世界》2020 年第 11 期。

三十八

吐谷浑喜王慕容智墓志

墓志青石质，由盖、志两部分组成。志盖为盝顶方形，底边长 54.5 厘米，宽 54.2 厘米，顶边长均为 39.6 厘米，厚 8.8 厘米。正面中间阴刻篆书“大周故慕容府君墓志”，共 3 行，行 3 字。四周及四刹饰以缠枝卷草花卉纹。墓志边长 53.7 厘米，厚 9.2 厘米。正面楷书志文，共 20 行，满行 17—21 字，除 4 处与皇帝相关称谓的词前各留一空格外，共刻 392 字，其中“天”“地”“日”“月”“年”“授”等为武周新字，左侧面纵刻两行文字，约 36 字。

2019 年，甘肃省文物考古研究所对位于甘肃省天祝藏族自治县祁连镇岔山村的一座古墓展开清理发掘，随着工作的推进，考古工作者发现了墓葬主人的身份，也逐步揭开了一段民族交往与融合的历史。

该墓是一座单室砖室墓，大体坐北向南，由墓道、壁龛、封门墙、墓门、甬道和墓室组成。在墓葬中还发现了彩绘，照墙处墓门的上方绘有门楼，从残存的痕迹来看，墓室和甬道的墙壁上应遍施彩绘，但是脱落较为严重，目前仅在甬道处可见人物画像，另外墓室顶部还残存有象征天象的日月与银河等。

墓葬中还保存有丰富的随葬品，种类繁多，包括制作精美的彩绘陶俑、木俑，还发现了带有帷帐的床榻、屏风、胡床、马鞍等，亦有武器装备以及精美的丝织品，这些保存较好的遗物都是较为罕见的考古遗存。墓葬中的墓志出土于甬道处，点明了墓主身份，墓志由盖、志两部分组成，志盖上刻有“大周故慕容府君墓志”，周围刻绘缠枝卷草花卉纹。根据墓志记载，墓主为“大周云麾将军守左玉钤卫大将军员外置喜王”慕容智，因病逝于武周天授二年（公元 691 年），同年迁葬于“大可汗陵”。其父为吐谷浑国末代统治者诺曷钵，其母为弘化公主，是唐朝远嫁周边少数民族的公主。

吐谷浑的先祖属慕容鲜卑部，由于慕容吐谷浑与同父异母兄弟慕容廆有所嫌隙，慕容吐谷浑率其下 1700 户西迁，这一支兜兜转转数百年，后来由叶延建立政权，最终在伏连筹在位时达到鼎盛时期，其疆域沟通四方，对丝绸之路文化也有重要影响。吐谷浑的经济形态以畜牧业为主，地产良马“青海骢”。吐谷浑在南北朝时与中原政权时战时和，后来在与隋的战争中失利，又因政权内部的矛盾，逐渐走向衰落。隋朝灭亡后，吐谷浑一方面向唐王朝派遣使者，建立互市，另一方面也频繁骚扰唐朝边境，阻碍唐经河西走廊进入西域的道路。从唐贞观年间开始，唐王朝主动出击，发动战争和采取相关举措遏制吐谷浑，最终吐谷浑首领诺曷钵表示愿意成为唐的藩属。唐王朝封诺曷钵为河源郡王、吐谷浑可汗，统治吐谷浑属地。与此同时，在吐谷浑的南方，吐蕃政权兴起，国力日益强盛，与吐谷浑出现冲突。吐谷浑与吐蕃曾维持了一段较为友好的关系，但不久后吐蕃便发动大战，唐王朝为加强边境屏障驰援吐谷浑，却遭大败，吐谷浑由此覆灭，成为一个部族，归属吐蕃、唐朝统治。

根据墓志内容，墓主慕容智在少年时随父母逃亡至武威，后入长安为官。从其墓葬的形制和随葬品来看，镇墓兽和各类陶俑、木俑，以及模型明器与生活用具，都体现出了唐代较高等级官员墓存在的特征，但另一方面墓葬的选址和殉牲的葬俗又体现出吐谷浑的本族文化。这座墓葬恰是吐谷浑文化与中原文化交融的物质证据。

参考文献

[1] 刘兵兵 :《甘肃天祝岔山村唐慕容智墓》,《大众考古》2019 年第 11 期。

[2] 甘肃省文物考古研究所、武威市文物考古研究所、天祝藏族自治县博物馆:《甘肃武周时期吐谷浑喜王慕容智墓发掘简报》,《考古与文物》2021 年第 2 期。

[3] 李宗俊 :《吐谷浑喜王慕容智墓志及相关问题》,《烟台大学学报》(哲学社会科学版) 2022 年第 4 期。

三十九
克亚克库都克烽燧遗址

克亚克库都克烽燧遗址位于新疆维吾尔自治区巴音郭楞蒙古自治州尉犁县境内的荒漠地带，东南距营盘古城47公里，距楼兰古城233公里，是全国重点文物保护单位——孔雀河烽燧群中的一座。该烽燧修筑于一处大型红柳沙堆上，是由烽燧本体、居住房屋等建筑构成的一处军事设施遗址。

长城是中国驰名世界的文化标志，东起山海关西至嘉峪关的明长城更是家喻户晓。最晚在春秋战国时期，各国就已经修筑长城以达到军事防御的目的，秦统一六国后，将北方数国的长城连缀在一起。汉承秦制，也为此投入了较多的人力物力，目前还可见相当数量的秦汉长城遗迹。此后历代也都在不同地区出于不同目的，修建了形制和规模各异的长城或者与长城具有类似功能的建筑和防御工事。

在新疆维吾尔自治区境内的巴音郭楞蒙古自治州尉犁县有一片荒漠无人区，孔雀河从这里蜿蜒而过，孔雀河的北岸一线是汉晋丝绸之路的重要组成部分。在孔雀河沿岸分布着 11 座呈西北—东南向的烽燧，它们共同组成全国重点文物保护单位——孔雀河烽燧群。克亚克库都克烽燧便是其中的一座，位于孔雀河的中游，西北向距新疆尉犁县 90 公里。2019—2021 年，在国家文物局批准后，新疆文物考古研究所对这处烽燧遗址进行了主动性考古发掘，这是国内首座被主动性考古发掘的唐代烽燧遗址，于 2021 年被评为“全国十大考古发现”之一。

克亚克库都克烽燧所在的孔雀河烽燧群最早是由瑞典探险家斯文 · 赫定在 1896 年发现的。1914 年，英国探险家斯坦因则进一步对烽燧群中的 9 座做了较为细致的调查，包括对克亚克库都克烽燧遗址绘制了平面图并拍摄了一些照片，还发现了一些木质、纸质文物。1989 年和 2008 年分别进行了第二次和第三次全国文物普查，这期间对烽燧群所进行的考古调查也为此后的发掘奠定了一定基础。

经过考古工作者耐心细致的工作，最终探明了烽燧的结构和建筑过程，其建筑在沙堆顶部的东侧，西侧修筑有相连的三间房屋，在房屋的坍塌堆积中发现了数十件遗物。此外还发现了踏步、木栅栏、灰堆等遗迹，新疆气候干燥非常利于保存有机质文物，灰堆中发现的遗物最多，包括木简和纸质文书、陶器、铜器、漆木器、骨角器和石器等，还有少量的麻质和丝质文物。

通过古环境分析，建立烽燧的沙堆的最后形成时间约为汉晋时期，而烽燧遗址中出土的文书、钱币写有“开元”“天宝”等唐代年号，考古学者结合地层堆积、出土遗物及对比历史文献等传统方法，又结合碳 -14 测年数据，最终判定克亚克库都克烽燧的修筑年代应为唐代。

克亚克库都克烽燧遗址出土了涉及军事、政治、经济、文化等多方面内容的唐代文书，还有各类生活用具与动植物遗存，它们都生动地反映了唐代边疆戍边将士的军旅生活，而这座烽燧也有力证明了唐代在西域所设置的完善军防体系。唐代在贞观年间在西北的龟兹、焉耆、于阗、疏勒四地设立军镇，简称“安西四镇”，克亚克库都克地所在的孔雀河烽燧群恰是唐朝抵御外敌的前沿，是唐王朝经略西域的重要见证。

参考文献

[1] 党琳、张安福:《克亚克库都克烽燧所见唐代西域治理》,《史林》2021 年第 5 期。

[2] 新疆维吾尔自治区文物考古研究所:《新疆尉犁县克亚克库都克唐代烽燧遗址》,《考古》2021 年第 8 期。

四十
伏羲女娲绢画

从 19 世纪初到现在，从新疆维吾尔自治区吐鲁番市阿斯塔那古墓群发掘出土了多幅绢质和麻布的伏羲女娲图。透过它们，可以看到古代汉人和少数民族对伏羲女娲神话这种中华文化的认同。

伏羲女娲在我国是家喻户晓的神话人物。女娲是创世女神，我们都熟知女娲造人、女娲补天等传说。伏羲又有“庖犧”等名称，人们认为其创造了八卦。这一组神仙再后来又被认为是兄妹和夫妻，所以往往被并称。

汉代人希望通过在墓葬中绘制各类神仙，引导墓主成仙，而伏羲女娲深入人心，所以多被刻绘在壁画墓、画像石墓、画像砖墓以及相关建筑中，著名的汉代画像石祠——武侯祠中就刻绘了一组带有榜题的伏羲女娲形象。在这些图像中，伏羲女娲多为人首蛇身，两神又常常分别手持规、矩，与日月组合出现。

伏羲女娲在汉代墓葬中非常普遍，但是东汉覆灭以后，中原战乱频仍，曹魏政权提出了“薄葬”，墓葬中的装饰品数量由此锐减乃至几乎消失。但是在魏晋十六国时期相对稳定的河西地区，墓葬和石窟中仍有伏羲女娲图像出现，这很可能与从中原躲避战乱的迁移人群有关。进入北魏平城时期，我国北方地区的墓葬装饰传统有所回流，在北魏以降的北朝政权墓葬中皆可看到伏羲女娲的身影，而且两神的形象还较汉代出现了新的时代特征。

然而进入唐代之后，墓葬的壁画着重表现现实生活，墓葬本身的宅地化倾向越发明显，而与汉代的升仙氛围形成鲜明对比，各类神仙图像也消失于唐代核心地区的墓室壁画，但是伏羲女娲图并未完全退出历史舞台。

前文提到河西地区曾在中原动荡时仍保持了相对稳定的局面，但在淝水之战之后也出现了多个互相征战的割据政权，因此一些人又再度向更西的高昌即今新疆吐鲁番寻求庇护，而高昌地区与河西的联系一直颇为紧密。因此，自北凉起在吐鲁番便有在墓葬中绘制伏羲女娲图像的习俗，这一习俗一直延续到唐代。

吐鲁番的伏羲女娲图像与此前均有不同，它们并非直接绘于墓室的墙壁，而是绘在丝织物上。伏羲女娲仍表现为人首蛇身的形象，与之同出的仍有日月，但是两神手持的物品却发生变化，除了矩，又出现了墨斗，而剪刀也替代了规出现在神仙手里。伏羲女娲的面容和着装也形成了新的特色，部分织物画上的人物为深目高鼻的胡人形象，服装也颇染西域风情。日月的绘制方法也有所不同，中国传统的图像中，日中往往绘金乌，月中绘蟾蜍、玉兔等。但在这些织物画上，日月经常表现为圆心与连珠纹组合的形态，也出现了月牙形的月亮。

虽然在绘制技法和图像细节方面与以往有所差别，但伏羲女娲的基本形象并没有改变。这些织物除了部分被放置在墓主头侧，大部分都被固定在墓室的顶部，而且织物的背景被涂绘成蓝色，间或装饰星点。可见，在吐鲁番的伏羲女娲织物画仍保持了其象征神仙天界的含义。

高昌地区是沟通西域的门户，唐灭麴氏高昌之后在此设西州，而伏羲女娲作为汉族的神灵也在这里被尊崇，更体现了多民族地区的文化交融。

参考文献

[1] 黄文弼：《绢画伏羲女娲神相图说》，载《吐鲁番考古记》，北京：中国科学院出版社，1954 年。

[2] 王春梅：《嘉峪关魏晋墓出土伏羲女娲图像考析》，《丝绸之路》2013 年第 8 期。

[3] 王煜：《汉代伏羲、女娲图像研究》，《考古》2018 年第 3 期。

四十一
弈棋仕女图

仕女图高约63厘米，宽约54厘米，现藏于新疆维吾尔自治区博物馆。画中两名对弈者左侧之人缺失，右侧为一贵妇，发梳高髻，饰以簪花宝钿，阔眉细目、面颊丰润，上穿绯色对领蓝花短襦，肩披白纱，下着绿色长裙，侧身坐于地毯之上，正凝神注意棋局，神态端庄，表情生动；又有两名亲属，身着各色短襦、长裙，驻足观棋；左右各有数名侍女，身穿男式长袍，意态安闲。

屏风是东亚地区非常流行的家具，中国古代使用屏风的历史由来已久。从字面来看，这种家具的功能应该和防风有关。目前可见的最早屏风实物是位于湖南长沙的马王堆西汉墓出土的一架木质屏风。

中国历代多有厚葬的传统，人们多希望死去的亲友仍可在另一个世界延续物质享受，所以古代壁画墓中也常常描绘屏风。南北朝隋唐以降，墓葬的宅地化倾向逐渐增强，由此很多壁画专以模仿屏风而出现，其中上面既有画山水的，也有绘人物的，在山西太原地区便出土了一批内容非常相似的绘有“树下老人”屏风画的墓葬，但是这些图像终究只是模仿了屏风上的内容，与实物还有一些差别。而在我国新疆吐鲁番由于气候干燥，当地的唐西州墓葬中保存了数量较多的屏风画，这为我们了解这种古代家具提供了更为充分的实物资料。

1972 年，考古工作者在吐鲁番阿斯塔纳墓群的张氏家族墓地中的 72TAM187、188 和 230 三座墓葬中发现了三架木框屏风，木框上还裱有绢画。非常可惜的是，屏风原有的木架在发现时就已经破损严重，但是还可从绢画中辨认出弈棋仕女、人物鞍马、乐舞等内容。其中 187 号墓出土屏风上的《弈棋仕女图》经专家修复可见十余个人物，这架屏风共有六屏，发现时位于该墓尸床的北侧，应该遭受过扰动。根据学者们的观察，此图中占据画幅最大的应该是一位右侧视四分之一的弈棋仕女，可能位于画面的中心，屏风上还绘有站立观棋的仕女，或手持物品的侍者和童子，画面的背景中有鸟类和树木。除了裱有绢画的屏风，日本东京国立博物馆等地还收藏有纸本的屏风人物图。

仕女图是唐代流行的绘画题材，我们所熟知的张萱、周昉等都是此题材名家。唐代两京地区的墓葬中也多绘仕女，乾陵陪葬墓之一永泰公主墓中的仕女图绘制得便颇为精巧。可见，在唐时期的西州，吐鲁番也受到这一绘画题材的影响。

从屏风画上仕女的穿着打扮来看，我们也能感受到民族和地区间的交流。吐鲁番在高昌国末期就受到唐风影响，只是当时更多保留了当地的传统。但是伴随唐王朝在这里设立西州，成为大唐版图的一部分，此地的女子逐渐改变了过去辫发、披发的习俗，转而采取发髻，将头发堆叠在头顶。半臂襦和披帛等宫廷服饰也传入这一地区。但他们也在接受唐风的同时保留了一些自己的特色，当地的服饰如“羃篱”又影响了内地。而围棋这种汉族传统游戏也在此时的西州流行，此后又向疏勒一带传播。

文化的交流与影响渗透于唐代西州普通人生活的方方面面，中华民族共同体的形成也在一桌一椅、一菜一蔬的平凡生活里点滴凝聚。

参考文献

[1] 薛宗正：《唐代西域汉人的社会生活》，《西域研究》1996 年第 4 期。

[2] 王丽娜：《唐后宫女服对高昌服饰的影响》，《宁夏大学学报》（人文社会科学版）2015 年第 2 期。

[3] 刘文锁：《唐代西州的屏风画》，《新疆艺术》（汉文）2018 年第 5 期。

四十二
《唐律》残片

该《唐律》残片乃《唐律疏议·名例律》残卷,《唐律疏议》是唐朝刑律及其疏注的合编，是中国现存最古老、最完整的刑事法典,共分为12个部分。《名例律》是首篇,为全律的纲领与统帅,表明了唐律在定罪量刑上的基本精神和原则。该残卷1973年出土于新疆维吾尔自治区吐鲁番市阿斯塔那古墓群，由4个断片组成，首尾残缺，共41行，现藏新疆维吾尔自治区博物馆，为研究唐律在西州地区的实施提供了珍贵的第一手资料。

在我国新疆维吾尔自治区吐鲁番市分布有数量庞大的古代墓葬，年代从晋到唐跨越数百年。由于新疆气候干燥，为埋入地下的有机质文物提供了很好的保存环境，使得这批墓葬中出土了大量保存较好的不同种类不同内容的古代文书，为我们了解当时的社会提供了更为全面和具体的史料。

常言道："没有规矩，不成方圆。"随着人类社会不断复杂化，法律也就应运而生，中国古代战国时魏国的李悝就著有《法经》，但已失传。我国现存最早最完整的法典是《唐律疏议》，是一本刑事法典。该书大体成书于唐高宗时期，但是具体的编撰和颁发时间，目前不同学者还有不同的看法。

从晋到唐，吐鲁番大体先后经历了高昌郡、高昌国和西州三个阶段。公元 640 年，唐灭高昌设立西州，唐代的法律也在此地实施。自近代以来，多个国家的探险家以各种名义深入我国新疆，掠夺走了大量文物，其中就包括吐鲁番墓地出土的古代文书，日本的大谷光瑞就带走多件与唐代律令相关的文书。新中国成立后，对吐鲁番墓葬又做了考古发掘，发现了一些相关内容的文书。大谷 8098 号涉及《唐律疏议 · 擅兴律》"征讨告贼消息"和"主将守城弃去"等内容，大谷 4491、4452 号涉及《唐律疏议 · 诈伪律》伪造御宝和官方文书等的内容，1973 年阿斯塔那 532 号墓还出土了《唐律疏议 · 名例律》。有学者将出土文书中的内容与今《唐律疏议》相对比，也为进一步讨论《唐律疏议》的成书提供了新的材料和视点。

除了记载法典内容的文书外，还有一些涉及刑罚律令的文书，比如阿斯塔那 61 号墓出土了一则文书，记载了一个名叫张玄逸的人遇到的失盗案，又如 209 号墓出土了一则记载了两桩婚姻纠纷案件的文书，还有文书记载了关于过失伤人、不孝父母等内容。

另外，该地还出土了一些契约文书，也涉及当时的法律制度，其中有“官有政法、民有私要（约）”等内容，说明在当时即便是民间契约，在制订时仍有依托的法律，而且官府也承认民间契约的合法性。

除吐鲁番之外，敦煌莫高窟藏经洞中也有一些关于唐代法律制度的文献，如今也散藏于世界各地。西北地区发现的法律制度文书不同于官方法典，反而更贴近普通人的生活，更便于理解当时当地法律施行的情况。

唐代法律承袭了魏晋南北朝时期的部分立法理念，又结合当时实际，将相对抽象的等级秩序落实在具体的法律条文中，规范了君臣、父子等人伦关系。而这些在吐鲁番发现的法律文书，体现出唐王朝对西北的统治是落实于方方面面的，也反映了唐王朝对西北经略的深入程度。

参考文献

[1] 刘俊文：《敦煌吐鲁番唐代法制文书考释》，北京：中华书局，1989 年。

[2] 王欣：《吐鲁番出土文书所涉及的晋唐法制》，《西域研究》1992 年第 3 期。

[3] 荣新江：《唐写本 < 唐律 >< 唐礼 > 及其他》，《文献》2009 年第 4 期。

四十三
六屏式鉴戒图

这是一幅将伦理说教融于书画的六屏式墓室壁画，现藏于新疆维吾尔自治区博物馆，是唐朝时期新疆受到中原文化熏陶，盛行儒家思想，认同中华文化的有力见证。画面中用深红色的阔笔分隔出六个屏框，每屏都绘有图案，或人或物。

在新疆维吾尔自治区吐鲁番市东南的阿斯塔那墓地，有一座编号为 72TAM216 的墓葬，发掘于 1972 年，该墓中出土了数件文书，其中有明确纪年文书中年代最晚的为唐天宝十年（公元 751 年）。在墓室的后壁绘有连续六幅仿屏风画，保存良好，色彩艳丽。每幅仿屏风均有边框，高 140 厘米，宽 71 厘米。左起第一幅和最后一幅绘有器物，中间四幅绘人物，且人物身上有榜题框，左起分别为“玉人”（玉字第一划脱落）、“金人”和“石人”，最后一幅人物图虽有榜题框，但未写内容。六幅图中还有更大的方框，应是用来填写内容说明的，但都是空白。

这些图像看上去有些抽象难懂，而且是首次发现，但这却并未难住考古学家，考古学者张勋燎借助历史文献为我们解开了屏风画上的秘密。

左起第一幅图上画了一个形状像钟一样大口小底的容器，中部横置转轴，轴的两端固定在器架的两个立柱上，容器腾空可以上下转动，器身微微倾斜。张勋燎发现这一器物应是《新唐书》中提到的唐宗室李皋自行制作的“欹器”，欹器中可以盛水，只有水的容量刚好，才不会从欹器中洒出。欹器在文献中的踪迹可追溯到成书于战国的《荀子》，此后历代文献均有提及，尤以唐代为多。这是一种放在统治者座位旁边的宥坐之器，有警示的含义。

第二幅图中人物端坐神态恭敬，双手作拱揖状，张勋燎结合文献和其周围的图像推测，这反映的是“周陛玉人”的典故，也是劝谏统治者崇尚简朴，不可纵情享乐。

第三幅图所绘人物口被长帕紧紧围住，榜题框的位置也不同于其他三者绘于身前，而是在人物背上。张勋燎认为这是表现《说苑》中记载的“三缄其口而铭其背”的“金人”，这个故事也常见于历代古籍，到唐代尤其普遍，也是统治者用来提醒自己要谨小慎微处世的象征。

第四幅绘一人踞坐，作与人辩论状，张勋燎认为这表现的是“张口石人”，反映的是刑名法术家的思想，恰是反驳“金人”所代表的主张，提倡多说多做。

第五幅图没有榜题也没有特殊标志，只能存疑。

第六幅图绘的是生刍素丝扑满，生刍为新割的青草，告诫人们要则选择贤良的君主侍奉，素丝则意在告诫人“勿以善小而不为”，扑满类似于现在的储钱罐，其含义是告诉人们不要只知一味聚敛钱财。

唐代前期的君主多居安思危，善于总结历史教训，在这一时期讲述历代鉴戒故事的书籍特别多，这座墓葬中的图像反映的皆是我国先秦两汉以来产生的“列圣鉴戒”故事，是中华文化的体现，再次证明了新疆很早以来就是我国领土不可分割的一部分。

参考文献

[1] 中国文物研究所、新疆维吾尔自治区博物馆、武汉大学历史系：《吐鲁番出土文书（肆）》，北京：文物出版社，1996 年。

[2] 张勋燎：《吐鲁番阿斯塔那 216 号唐墓壁画考释》，载《中国历史考古学论文集（上）》，北京：科学出版社，2013 年。

四十四

怀圣寺

在广东省广州市坐落着一座始建于唐代的清真寺——怀圣寺，是我国最古老的清真寺之一，其与扬州仙鹤寺、泉州圣友寺、杭州凤凰寺并称为沿海四大清真古寺。

怀圣寺位于今广东省广州市越秀区光塔路，坐北朝南，总体呈长方形。经三道门便至中轴线上的第一座建筑看月楼。现在的看月楼是清康熙年间重建的，外观为红墙碧瓦，墙体为红砂岩，开有四道拱门。看月楼向北为礼拜殿，其与看月楼和三面廊庑组成了该寺最大的天井。礼拜殿的梁下刻有“民国廿四年岁次乙亥三月廿一日年末第三次重建”，其经多次复建，现为钢筋混凝土桁架的仿古建筑，仅存故址。作为怀圣寺的中心，礼拜殿的使用功能最为重要，建筑体量最大，可同时容纳 300 人做礼拜。寺中还有一处重要建筑，但没有位于中轴线，即寺院西南角的光塔。这座光塔为阿拉伯风格，与中国传统的佛塔样式有很大区别。光塔样式独特，为纯白的圆筒形，由石筑成，在国内仅此一处。

有关怀圣寺的具体始建年代，学界还有颇多讨论，伊斯兰教传入我国约在唐代，最早关于怀圣寺建造年代的文献是南宋人方信孺写作的《南海百咏》，其中较为细致地描绘了怀圣寺光塔：“‘番塔’，始于唐时，曰‘怀圣塔’，轮囷直上，凡六百十五丈，绝无等级，其颖标一金鸡，随风南北，每岁五、六月，夷人率以五鼓登绝顶，叫佛号，以祈风信，下有礼拜堂。”邓其生综合历代文献认为其始建年代不会早于唐贞观以前，也不会晚于唐大中五年（公元 851 年），而建于唐天宝年间。

伊斯兰教作为一种域外宗教，其传入与海上丝绸之路联系紧密，尤其受到唐宋之际进入广州的阿拉伯和波斯商人的影响。由于前来广州经商的穆斯林数量较多，为了更好地管理他们的各类活动，当地政府专辟“蕃坊”，唐代阿拉伯商人苏来曼提道：“其处有回教牧师一人，教堂一所……各地回教商贾既多聚广府，中国皇帝因任命回教判官一人，依回教风俗，治理回民。”在朱彧的《萍州可谈》中也提到此事。这些外来蕃客有一部分逐渐适应了广州的生活，就留在此处，且与当地人通婚，甚至参与科举，他们的后裔被称为“土生蕃客”“五世蕃客”，这群人构成了广州回族先民的一部分。南宋人岳珂的《桯史》中详细描述了南宋时期广州蕃坊内蒲姓家族的生活，而怀圣寺就大约位于蕃坊的中心。

虽然唐宋时期的广州曾聚集了一大批穆斯林及后裔，但是经过迁徙与融合，到元末明初时已人口不多，如今的广州回族人的祖先多是明代中叶以后，从我国的西北、东北等地陆续迁入的，大多是随军的军士和工匠，这些回族同胞抵达广州之后也多居住在唐宋时的蕃坊附近。

怀圣寺虽经多次复建，其与历史原貌大约已有较大差别，但是却始终见证了中外文化交流，也见证了数代回族人融入中华民族共同体的漫漫长路。

参考文献

[1] 陈从周、路秉杰：《广州怀圣寺》，《社会科学战线》1980年第1期。

[2] 邓其生：《广州怀圣寺的建造年代考释》，《广州研究》1985年第6期。

[3] 马建钊：《广州回族社区的形成与变迁》，《广西民族学院学报》（哲学社会科学版）1996年第4期。

[4] 张广林、马丹：《“海上丝绸之路”与沿海四大清真古寺》，《中国宗教》2015年第9期。

[5] 吴琼、陈昌勇：《广州怀圣寺风貌研究》，《建筑与文化》2022年第5期。

四十五
《大唐天竺使出铭》摩崖刻铭

摩崖刻铭残高53厘米，宽81.5厘米，下端已经残缺，每行可能原写有30—40字，共残存阴刻楷书24行，部分内容漫漶严重，碑铭正中有篆书“大唐天竺使出铭”7字。

在西藏自治区日喀则市吉隆县城以北不远的阿瓦呷英山嘴有一处《大唐天竺使出铭》摩崖刻铭。此刻铭位于山嘴一处西北—东南走向的崖壁，所在地海拔约有 4130 米。1990 年 6 月，西藏自治区文管会文物普查队第一小组根据当地干部群众提供的线索，发现了这则与民族团结和中外交流息息相关的碑铭材料，是目前为止在西藏发现的年代最早的汉文碑铭。

碑铭的上方有一块伸出的崖檐，下方还有一条小溪。从保存现状来看，当时应首先在崖壁上修凿出一片光洁的崖面，再于其上镌刻文字。

考古学者霍巍、李永宪对碑铭的内容做了解释，发现碑铭刻于唐显庆三年，即公元 658 年，比大昭寺前的《唐蕃会盟碑》还要早 165 年。此碑记录了唐代初年王玄策出使印度的事迹，极有可能是在第三次出使途中经吐蕃时所写。王玄策曾三次出使印度，开通了一条中西交流的重要道路，即吐蕃—尼婆罗道——“从西藏西南部越过喜马拉雅山，入加德满都谷地经尼婆罗而入印度”，这为汉藏和中外的文化交流提供了重要的交通途径。

这通碑铭自发现起便引起了学界的广泛关注，此前学界对王玄策第三次出使印度的时间有较多争议，而碑铭的发现为进一步讨论出使时间和行进路线提供了新的材料。这则碑铭所处的位置明确提示了“吐蕃—尼婆罗道”的出山口位置，使得这条路线的南段，即从吐蕃逻些至尼婆罗的走向变得更为明确。碑铭也提示了王玄策使团的成员，正使为左骁卫长史王玄策，副使为刘仁楷，还有刘嘉宾、贺守一、王令敏等成员，而且从碑铭体现出的精美刻工和优美书法来看，队伍中可能还有专门的石刻工匠，使团成员总数可能有十余人。

“丝绸之路”是世界闻名的中外交通网络，青藏高原在不同时期和不同地区有多条对外交通路线。《大唐天竺使出铭》的发现证明了青藏高原西南部的路网是“高原丝绸之路”的重要组成部分。这条道路在王玄策出使前就被唐代僧人释道宣记载，此后多位唐代求法僧人在文成公主和松赞干布的保护下前往尼泊尔和印度。在明代以后，人们基于此路又开辟了新的前往南亚的道路。

《大唐天竺使出铭》的发现是研究中外交通史的可靠实物证据，弥补了文献记载的诸多缺漏，增补了若干史实，见证了后藏吉隆在吐蕃时代于中西方交流的重要地理意义。

参考文献

[1] 西藏自治区文管会文物普查队：《西藏吉隆县发现唐显庆三年 < 大唐天竺使出铭 >》,《考古》1994 年第 7 期。

[2] 霍巍：《< 大唐天竺使出铭 > 相关问题再探》,《中国藏学》2001 年第 1 期。

[3] 霍巍:《论青藏高原古代各族人民共同开创了“高原丝绸之路”》,《中央民族大学》（哲学社会科学版）2021 年第 2 期。

四十六
唐蕃会盟碑

此碑又称长庆舅甥会盟碑，1985年，西藏文管会文物普查队的考古工作者与拉萨市城建局一道清理了此碑的碑座，至此人们对石碑的整体形制有了更完整的认识。石碑通高5.66米，由碑帽、碑身和碑座三部分组成。碑帽的顶部有一莲座宝珠，整体高0.96米。宝珠高0.5米、直径0.3米。碑帽主体平面为长方形，上部呈四面坡状，边缘翘起。碑身高3.8米，平面呈长方形，上细下粗，上部长0.7米、宽0.35米，下部长0.88米、宽0.39米，正面向西。碑座为龟形，高0.86米、长2米、宽1.5米，石龟的头部微微露出，四足蜷缩，龟甲上还刻有鳞片的形状。石龟下有一长方形石质基座，两者系同一块石材雕凿而成。唐蕃会盟碑的形制既受到同时期内地石碑的影响，又有自己的特色。

在西藏自治区拉萨市的大昭寺前，唐蕃会盟碑自唐穆宗长庆三年（公元 823 年）起已经巍然矗立了千余年，见证着汉藏友谊的佳话。

唐蕃会盟碑被法国学者戴密微誉为“目前人们所知道的亚洲最重要的铭文纪念碑”，碑身四面皆有文字，其内容引起了海内外学者的关注。石碑西面为碑阳，文字内容为汉藏双语，文义相同，大概为同一盟约的两种文本，左侧为藏文，横书，字体表现出吐蕃时期的藏文特点；右侧为汉文，直书，字体为正楷。

石碑北面为参加此次会盟的吐蕃官员名单位次，共有 17 人，上为藏文，下为汉字译音。南面则是参与会盟的唐代官员名单，共有 18 人，和北面的文字内容体例相同。东面即碑阴，只刻了藏文盟词，没有汉文。石碑上的文字内容不仅有助于我们了解这次会盟本身的情况，也为研究吐蕃的官制、姓氏等宗教、政治、文化方面的内容提供了若干材料，也可促进人们对当时藏汉对音的认识。

唐太宗时期的吐蕃首领松赞干布统一了青藏高原上的各部族，也愿意和周边民族交往，也曾多次向唐朝请婚，最终唐太宗在公元 641 年将宗室女文成公主许配给他。后来松赞干布的五世孙又求娶金城公主。唐朝与吐蕃的友好关系日益牢固，故有甥舅之称。不过在这种友好氛围下也偶尔出现战争的阴影，从公元 705—787 年，唐蕃之间出现了数次冲突，也先后订立过七次盟约。至 8 世纪初，唐王朝国力衰微，而吐蕃赞普赤祖德赞也无暇对外用兵，双方因势利导而定下了第八次会盟，即“长庆会盟”。公元 821 年，吐蕃使团抵达长安，唐蕃双方举行了会盟典礼，次年唐朝使团也抵达拉萨又举行了会盟，将会盟内容具体写出，最终于公元 823 年将盟文刻于石上以作永久纪念，这便是唐蕃会盟碑的由来。此后虽经朝代更迭，政权变换，这座石碑始终屹立不倒，默默诉说着汉藏友谊，是中华民族“你中有我、我中有你”的重要见证。

参考文献

[1] 张政烺 :《跋唐蕃会盟碑》,《文物》1959 年第 7 期。

[2] 王尧 :《唐蕃会盟碑疏释》,《历史研究》1980 年第 4 期。

[3] 西藏文管会文物普查队 :《唐蕃会盟碑碑座出土》,《文物》1985 年第 9 期。

[4] 范亚平:《唐蕃会盟碑——汉藏人民友好的历史丰碑》,《西藏民族学院学报》(社会科学版）1987 年第 4 期。

[5] 诺嘉 :《唐蕃会盟碑》,《中国民族》1987 年第 7 期。

四十七
贞孝公主墓壁画

贞孝公主是渤海国第三代大王大钦茂的第四个女儿，葬于龙头山上，墓葬整体呈长方形，内部十分宽阔，青砖砌筑，以石板封顶，前设甬道和墓道。在甬道和墓室的东、西、北壁还有大量壁画，绘有武士、内侍等侍者，人物描绘得十分形象。贞孝公主墓壁画是首次发现的基本上保存完好的渤海壁画，它向世人第一次揭示了渤海人的群像及渤海人的服饰，形象地证明了渤海人学习中原文化、承袭唐风的历史。

公元698—926年，在我国东北地区存在一个由靺鞨族为主体的政权，唐先天二年（公元713年），唐王朝将其创立者封为“渤海郡王”，自此该政权专称为“渤海”。靺鞨族历史悠久，世居于东北的白山黑水之间，东临日本海，很早就出现在中原地区的文献中。靺鞨在周秦时被称为“肃慎”，到两汉魏晋时期被称为“挹娄”，曾被扶余役属，到南北朝时期时称“勿吉”。靺鞨从北魏延兴五年（公元475年）起向北魏遣使，其与中原的联系渐趋紧密，实力也逐渐增强，最终灭掉了扶余，靺鞨则是隋唐之际的称呼。

渤海国也留下了较多的历史遗迹，其中墓葬是了解渤海文化的重要材料。新中国成立之后，考古工作者在吉林省和黑龙江省开展多次调查和发掘，发现了多种类型的渤海国墓葬，其中一些墓葬主人等级较高。

1980年和1981年，考古工作者在今吉林省延边朝鲜族自治州和龙县的龙头山发掘清理了渤海贞孝公主墓，其周围散布着渤海中京显德府遗址、河南屯古城等渤海城址，还有北大渤海古墓群和福洞古墓群等。墓中甬道后部出土了竖立的墓志，故可明确墓主身份，贞孝公主为渤海第三代大兴宝历孝感金轮圣法大王大钦茂之第四女，生于公元756年，卒于公元793年，其姐贞惠公主墓也被发现。

贞孝公主墓坐北向南，由砖和石板修建，墓葬曾遭受盗扰，结构稍有破坏。由墓道、墓门、甬道、墓室和塔组成，塔建于甬道和墓室盖顶石之上，发掘时仅存塔基。墓葬的壁画现存于甬道后部的东、西两壁以及墓室的东、西、北三壁，共有人物12人。图像首先由墨线绘制轮廓，再涂绘颜料，最后再用墨线勾勒，壁画虽然漫漶较为严重，又受盗墓者破坏，但是仍可见图像原貌。

甬道后室的东西两壁各绘有一门卫，两者东西相对，墓室东西两壁的南段各绘有一侍卫。墓室的西壁中北部绘有三名乐伎，头戴展角幞头，手持乐器，似为琵琶、箜篌、拍板。北壁绘两名面向墓门的侍从，身佩弓箭，手持伞状物。东壁的中部和北部绘有三名内侍，手中捧物。

贞孝公主墓中的壁画生动反映了渤海国的绘画水平和社会风貌，壁画中的人物与唐代绘画中的人物类似，面容饱满、体形丰盈，人物穿着的服饰和佩戴的物品也和唐两京地区墓葬壁画的细节类似。渤海国曾多次派人前往唐朝学习汉文化，中原的绘画技术也传往此地，而且墓葬中出土墓志的书写也采用了和中原地区相同的体式，书法也遒劲有力。凡此种种都表现出当时渤海国对同时期中原文化的学习与实践，体现出东北地区的少数民族人民认同中华文化的历史潮流。

参考文献

[1] 延边朝鲜族自治州博物馆：《渤海贞孝公主墓发掘清理简报》，《社会科学战线》1982 年第 1 期。

[2] 郑永振：《渤海墓葬研究》，《黑龙江文物丛刊》1984 年第 2 期。

[3] 王侠：《贞惠公主墓与贞孝公主墓》，《学习与探索》1985 年第 4 期。

四十八
南诏德化碑

碑为红砂石雕刻，高约 4 米，宽约 2.4 米，厚约 0.6 米，发现于南诏都城太和城遗址中。该碑立于南诏初期，元代尚存较好，明代万历年间编纂的《云南通志·艺文志》收录了全部碑文。清朝乾隆年间此碑已埋入土中，为著名金石学家王昶访得，后在嘉庆年间由李亨特建亭保护。碑文直行楷书，碑阳文字约 40 行，每行约 90 字，共计 3800 余字，碑阴官职题名约 41 行，每行字数不等。但现存碑文残损严重，仅余 800 多字。

该碑是记载南诏国历史资料最丰富的碑，碑阳正文赞颂了第五代南诏王阁罗凤统一洱海区域、合并诸爨、结盟吐蕃、开疆拓土等丰功伟绩，碑阴文字详细列举了南诏清平官、大军将、大总管、六曹长等官职和姓名。由于有关南诏的历史文献记载现存较少，该碑对于研究南诏时期的区划建置、职官体系、农田水利、手工业发展和民族关系等具有重要价值。

隋末唐初，大理洱海地区出现六个实力较强的部落国家，分别是蒙巂诏、越析诏、浪穹诏、邆赕诏、施浪诏和蒙舍诏，其中蒙舍诏位于最南边，因而被称为“南诏”。在六诏中，南诏始终依附唐朝，因而得到唐朝支持，早在第一代王细奴逻时，就派遣自己的儿子逻盛出使唐朝，唐高宗封细奴逻为巍州刺史。到第四代王皮逻阁时，在唐王朝的支持下，南诏先后吞并了洱海周边的各部落，最终在开元二十六年（公元 738 年）统一六诏。但其后由于唐朝边境官员用人不当，南诏与唐朝关系恶化，以致发生战争，南诏转而与吐蕃结盟。

碑中较详尽地记述了南诏与唐朝关系恶化后，在西洱河畔发生的两次大规模的战争。唐代天宝十年（公元 751 年），剑南节度使鲜于仲通率兵 6 万攻打南诏，但大败而归，而当权的奸臣李林甫、杨国忠掩饰真相，又在天宝十三年（公元 754 年）派云南郡都督兼侍御史、剑南郡留后李宓率大军远征南诏，结果全军覆没。这两次战争给内地和边疆人民带来极大的不幸与灾难，唐代诗人白居易在他的《新丰折臂翁》一诗中，就痛诉了这场灾难深重的不义之战。碑文中也强调了南诏王阁罗凤不得已被迫反唐，战争过后不忘旧日恩义，为唐朝阵亡将士建立万人冢等事迹。

据《新唐书》记载，阁罗凤在立碑后曾说“我上世世奉中国，累封赏，后嗣容归之。若唐使者至，可指碑澡祓吾罪也”，表明南诏希望与唐朝世代交好的心愿。其后，阁罗凤及其继任者不断寻求机会与唐朝改善关系，最终在唐德宗贞元十年（公元 794 年），阁罗凤的孙子异牟寻采纳清平官郑回的建议，派遣使者入唐，唐德宗派遣崔佐时与南诏在点苍山会盟，南诏与唐朝重归于好，这对于维护国家统一、民族团结具有重要的历史意义。

参考文献

[1] 文婷 :《历史整体的推进与演变——从南诏德化碑到民族团结誓词碑的思考》,《普洱学院学报》2014 年第 2 期。

[2] 李婵玲、丁科 :《< 南诏德化碑 > 的民族融合思想及其影响》,《大理学院学报》2015 年第 1 期。

[3] 朱飞镝、谢建辉 :《德化碑考略兼论南诏对唐蕃战争的影响》,《贵州民族研究》2015 年第 12 期。

四十九
《袁滋题记》摩崖石刻

该摩崖石刻刻于巨岩之上，地势险要，题记至今保存完好，长44厘米，宽36厘米，整体呈长方形，全文8行，共122字，除最后一行“袁滋题”三字为小篆外，其余均为楷书。文中介绍了俱文珍、吐突承璀、袁滋、庞颀、崔佐时作为使团成员，并着重强调“同奉恩命，赴云南册蒙异牟寻为南诏”，说明使团的任务是册封南诏王。

该题记位于云南省昭通市盐津县城西南 20 公里的豆沙关岩壁上，是古代从四川进入云南的交通要道，在秦汉时期即为“五尺道”的重要关隘，隋唐时期被称为石门关。唐代开宝年间，南诏与唐朝爆发战争冲突后，石门关封闭了 40 余年。南诏王异牟寻继位后，基于现实形势的考虑，开始与唐朝接触，而唐朝宰相李泌、西川节度使韦皋也都建议改善与南诏的关系，这一建议被唐德宗采纳。此后，唐德宗授意韦皋与异牟寻进行联系，南诏使者到达成都，表达了重新归附唐朝的意愿。

唐代贞元九年（公元 793 年），异牟寻派出三路使臣分别前往长安，以此表达归附中央的诚意和决心，唐德宗亲自接见南诏使臣并赏赐厚礼。贞元十年（公元 794 年），西川节度使韦皋派遣节度使判官崔佐时率领唐朝使团，从成都前往南诏都城羊苴咩城（今大理市），双方在点苍山会盟和好。随后异牟寻派遣一批高级官员前往长安，向唐朝进献地图和方物，并请求朝廷册封。为了巩固会盟的成果，唐朝又派遣御史中丞袁滋出使南诏，从都城长安出发，一路南下，经成都、宜宾、昭通、昆明等地区，最终到达南诏都城。在途经云南盐津县西南的豆沙关时，袁滋有感而发，留下了一处摩崖题记。

袁滋的使团进入南诏境内后，一路受到当地官员和百姓的欢迎，到达南诏羊苴咩城时，受到最高规格的迎接，异牟寻亲自率领随从官员出城欢迎，队伍多达上千人，场面非常壮观。次日，南诏都城内进行了隆重的册封仪式，袁滋当众宣读了唐朝的诏书册文，这标志着自天宝年间因战争 40 余年中断后，南诏重新归属于唐朝中央政府。此后，南诏每年都会向唐朝派遣使者，并派出大批贵族子弟到成都学习，这在很大程度上促进了内地与边疆的交往和融合。

《袁滋题记》摩崖石刻历经千年风雨沧桑，至今仍完整保存，1988 年入选第三批全国重点文物保护单位。该题记内容与《旧唐书》《新唐书》《蛮书》《资治通鉴》等史书记载相同，见证了唐朝与南诏的友好交往，是民族团结的重要象征，也是研究唐代民族关系史的珍贵实物。

参考文献

[1] 高治国、刘难方:《民族团结的历史标志:盐津袁滋摩崖及其人》,《云南文史丛刊》1989 年第 4 期。

[2] 蔡华轩 :《民族团结的丰碑 : 盐津县袁滋题记摩崖石刻轶史》,《云南史志》1996 年第 1 期。

[3] 李国生 :《民族团结的象征——袁滋摩崖》,《今日民族》2009 年第 2 期。

[4] 朱飞镝 :《袁滋题名摩崖与南诏归唐述略》,《哈尔滨师范大学社会科学学报》2013 年第 3 期。

五十
崇圣寺千寻塔

千寻塔位于大理苍山之麓、洱海之滨，始建于南诏中晚期（公元9世纪），为云南现存的早期佛塔之一。千寻塔平面为四方形，密檐式，青砖砌筑，塔身通体抹有石灰，高十六层，高69.13米，内部为空心结构。千寻塔的南北两侧各有一座八角形小塔，小塔为十层楼阁式砖塔，建于大理国时期（公元11世纪），三塔鼎足而立，位于崇圣寺的正前方，距山门约150米。1961年，崇圣寺三塔被国务院公布为第一批全国重点文物保护单位。在千寻塔的正面有一长8.26米、宽4.5米的石质照壁，与塔的须弥座上层台基相连，照壁上写有“永镇山川”四字，为明代所建。

千寻塔所在的崇圣寺为南诏、大理国时期的皇家寺院，崇圣寺内原有南诏建极十二年（公元 871 年）铸造的铜钟、南诏中兴二年（公元 899 年）铜铸的雨珠观音，但现今不存。南诏、大理国时期佛教兴盛，大理国还有“妙香佛国”之称，千寻塔即建于佛教兴盛的南诏晚期。自建成以后，千寻塔经过历代多次维修，其中清代光绪年间维修时塔门及塔心室下部被封堵。1925 年大理大地震，千寻塔塔刹部分被震落，塔顶埋藏的一些文物也随之掉落，但这些文物大多流落失散。

20 世纪 70 年代末 80 年代初，经国家文物局批准，文物部门对崇圣寺三塔进行了勘测维修。在维修过程中，在千寻塔内发现各类文物 680 余件，其中塔基墙洞出土有泥质佛像和泥质小塔；塔刹覆钵中心柱内填满黑褐色湿土，出土有八角形和方形木经幢，幢内中空，出土有各类造像、塔模、写经、金刚杵、铜镜、铜镯、珠饰、药物、印章、封泥、钱币等。同时，在千寻塔塔刹中心柱的东西两侧，发现有两个长方形坑洞，东侧坑内放置有一组五重塔形舍利容器，共用一鎏金铜须弥座，最外重为半椭圆形铁罩，其内依次套装有鎏金铜、银、金质地的塔身，金塔内有深红色琥珀塔模；西侧坑内放置有 1 件长方形鎏金铜函、3 件带釉陶豆，铜函内用粗布包裹写经，其上置檀香木、雄黄、松香等防腐药品。与中原地区的佛塔相比，千寻塔未发现地宫，文物主要出土于塔顶塔刹覆钵中心柱内，以及中心柱两侧的坑洞，与其年代相近的大理佛图塔、弘圣寺塔也存在类似的情况，这或许是南诏、大理国时期佛塔舍利瘗埋的特色之一。

南诏、大理国佛教深受中原地区佛教的影响，这在千寻塔形制和出土物中有明显反映。千寻塔的外形和结构，与西安小雁塔极为相似，与四川地区唐代中晚期流行的方形密檐式塔也很接近。千寻塔的出土物中，既有直接从中原地区输入的铜镜、瓷器、写经等，也有模仿中原样式铸造的经幢、佛像、塔模、印章等。这些都反映出中原文化对南诏、大理国的深远影响，是边疆地区与内地友好交往的重要见证。

参考文献

[1] 云南省文物工作队：《大理崇圣寺三塔主塔的实测和清理》，《考古学报》1981年第2期。

[2] 邱宣充：《大理三塔的塔藏文物》，《云南社会科学》1981年第2期。

[3] 姜怀英、邱宣充编著：《大理崇圣寺三塔》，北京：文物出版社，1998年。

五十一
大理国段氏与三十七部会盟碑

该碑在明代已有著录，后湮没土中，清代康熙十八年（公元1679年）在云南省曲靖市北石城遗址出土，道光二十九年（公元1849年）移至城内保存，现存于云南省曲靖市第一中学碑亭内，与爨宝子碑并列，又名“石城碑”“石城会盟碑”，1961年被国务院公布为第一批全国重点文物保护单位。碑立于大理国段素顺明政三年，相当于北宋开宝四年（公元971年），保存完好，碑高1.25米，宽0.58米。碑文用汉字书写，分上、下两部分，上部分为正文，11行，每行8—13字；下部分为职官题名，8行，每行5—15字。碑额上刻有清代道光二十九年喻怀信题记，记载了此碑的出土和迁移过程。

全碑字体为行楷，敦厚遒劲，具有较高的艺术价值。碑文行款较为特殊，正文直行，从左至右，与彝文等少数民族碑刻一致，体现出其民族特色，而题名顺序又从右至左。碑文中多异体字和别体字，语句费解，但主要内容可以识读。碑文记述了大理国国王段氏联合乌蛮三十七部征服滇东的一些部落后，在石城（今曲靖市）会盟立誓，并颁赐职赏。

南诏灭亡后，先后出现大长和、大天兴、大义宁三个短暂的政权，后晋天福二年（公元 937 年），通海节度使段思平起兵，一路向西攻克都城，建立大理国。大理国延续 300 多年，全国尊崇佛教，有多位君主出家为僧。公元 1095 年，大理国宰相高升泰篡位，改国号为“大中”，次年高升泰死后，政权重新归于段氏，但高氏仍一直把持政权。公元 1254 年，大理国被蒙古国所灭。

滇东三十七部，又称“东方黑爨三十七蛮部”“乌蛮三十七部落”，据《元史·地理志》记载，主要分布于滇南、滇东及贵州的普定、普安，四川的越西、西昌、会理。“乌蛮”“白蛮”均为南诏、大理国境内的主体民族，南诏王室为“乌蛮”族属，而其后的大理国是由“白蛮”段氏建立的政权，乌蛮三十七部是南诏后期所倚重的政治力量，大理国时既是部落名称，又是一种地方组织，在大理国政治中具有非常重要的作用。大理国前期，乌蛮各部与段氏政权关系友好，段思平建立大理国时，“东方三十七部”是其主要依靠的力量，此后段素顺、段廉义时，乌蛮三十七部又多次参与协助平定叛乱的活动。但到大理国后期，高氏控制了实权，与乌蛮各部的关系逐渐走向分离，三十七部不断反叛，直到元朝时才将其完全纳入大一统的范围。

碑文中所记载的“布燮”“礼乐爽”“督爽”等官职，是探讨大理国职官制度的重要依据。该碑记录的会盟事件，在史籍文献中没有记载，是研究大理国政治结构、民族关系的重要实物材料，见证了云南历史上各少数民族团结友好的关系，也是少数民族文化艺术与中原文化艺术交流融合的体现。

参考文献

[1] 李家瑞：《大理国与三十七部会盟碑》，《考古》1962 年第 6 期。

[2] 孙太初：《段氏与三十七部会盟碑》，《文物》1982 年第 11 期。

[3] 周祜：《大理段氏与三十七部会盟碑考说》，《大理师专学报》（社会科学版）1996 年第 3 期。

五十二
湄洲妈祖祖庙

湄洲妈祖祖庙位于福建省莆田市湄洲岛的祖庙山上，地处台湾海峡西岸的湄洲湾畔，始建于北宋雍熙四年（公元987年），起初规模很小，后经历代扩建，规模宏伟。改革开放以来，海内外同胞积极捐资建设，湄洲妈祖祖庙规模蔚为壮观。

妈祖是传说中掌管海上航运的女神，名叫林默，原籍福建莆田湄洲，出生于北宋建隆元年（公元960年）三月廿三日，她自幼聪明，很小就能诵读诗文，并能在海中穿梭自如，经常扶危济困，奋不顾身地抢救在海中遇险的渔民和商人。北宋雍熙四年（公元987年），28岁的林默辞别家人，在湄洲岛湄屿峰羽化升天为神，当地民众为了纪念她，就在其升仙处建立庙宇祭祀。因妈祖显灵护航、济世救人的事迹，从宋代开始，历代皇帝先后十四次敕封妈祖“天妃”“天后”“天上圣母”等封号，并与孔子、关帝一起被列入朝廷的祀典。

妈祖信仰具有特殊的层级谱系，产生了分灵习俗，一般地方新建庙宇塑像时，要先到历史古老、神迹灵验的大庙去求取神明的灵力，经过特殊的宗教仪式后，新塑的神像被认为是神明的分身，具有相同的神力，但每年必须回到祖庙祭祀进香，才能保持神力不衰。湄洲妈祖庙是世界公认的祖庙，是妈祖文化的发源地，每年在妈祖诞辰和升仙的日子，世界各地的信众纷纷来此谒祖进香，举办盛大的妈祖祭祀活动。

台湾地区妈祖信仰兴盛，信众多达1600万，妈祖分灵庙有5000余座。1997年1月24日，湄洲妈祖祖庙的妈祖金身从大陆迎往台湾，在岛内进行了为期100多天的巡游活动。妈祖金身在台湾共巡游18个县、市，驻跸30多个宫庙，往返行程万余里，受到当地信众的热烈欢迎、虔诚礼拜。这是海峡两岸一次空前的民间性交流活动，对增进两岸同胞的了解和感情具有重要意义。

千百年来，妈祖从海神、航海守护神变为全方位的平安守护神，集中了中华民族的崇高品格，是中华优秀传统文化的重要组成部分，也是海峡两岸人民的重要精神财富。妈祖信仰作为沿海地区的一种民俗文化，在海内外华人中有巨大影响力，同时妈祖信仰也是维系海峡两岸同胞的重要精神纽带，对于增进两岸民族感情、增强两岸文化交流具有不可替代的作用。如今，湄洲妈祖祖庙已成为海峡两岸、海内外同胞文化交流最重要的平台之一。

参考文献

[1] 王金华：《千年妈祖巡宝岛 万人空巷迎金身——湄洲祖庙妈祖金身巡游台湾追记》,《台声》1997 年第 7 期。

[2] 林长榕：《神昭海表的湄洲妈祖庙》,《世界宗教文化》2005 年第 3 期。

[3] 张向冰：《湄洲妈祖》,《海洋世界》2009 年第 11 期。

[4] 福建省文物局编：《福建涉台文物大观》，福州：福建教育出版社，2012 年。

五十三
象州磨勘司官印

印铜质，方形，长方体柱状纽，长 5.2 厘米，宽 5.1 厘米，高 4.5 厘米，印文为汉文篆体，内容为“象州磨勘司新朱记”，印身刻有“淳化三年五月铸”铭文，现藏于北京民族文化宫博物馆。“象州”为古代县名，隋代开皇十二年（公元 592 年）始置，唐代曾改名象郡，五代十国时先后归属楚和南汉，北宋开宝四年（公元 971 年）象州归宋，沿袭旧制，1912 年改为象县，现为象州县，隶属广西壮族自治区来宾市。

“磨勘司”为职官名称，唐代御史台下辖有台院、殿院、察院为中心的监察系统，宋代延续唐代台院监察系统的做法，在盐铁、度支、户部三司之下，设立磨勘司，作为考核审计官员的重要机构。据文献记载，北宋淳化初年，开始分置磨勘司，以磨勘使为长官，以此加强对官员的审计和监察，其考察结果作为官员升迁的重要参考。北宋初期，宋太宗还设立磨勘京朝官院（后为审官院）和磨勘幕职州县官院（后为考课院）。元丰改制以后，罢三司使，都磨勘司改属户部。

宋代磨勘制度对官员的升迁有严格的考核内容和年资规定。宋神宗时采取“四善三最”的考核办法，“四善”即德义有闻、清谨明著、公平可称、恪勤匪懈，“三最”包括治事、劝课、抚养三个方面。考察结果分为上、中、下三等，上等者予以升官，下等者予以降职或推迟磨勘的处分。宋高宗时又以“八事之法”考核官员，“八事”即“举官当否、劝课农桑、增垦田畴、户口增损、兴利除害、事失案察、平反冤狱、觉察盗贼”，文官三年考核一次，武官五年考核一次。从磨勘制度的发展来看，从最初的“四善三最”到后来的“八事之法”，考核内容逐渐细化，形成全方位的绩效考核体系。这种考核方式具有很强的实操性，考核内容也都是社会发展中最受关注和重要的问题，磨勘对官员既是严格的审查，又是晋升的机遇，所以深受当时人的重视，对宋代的文官政治产生了深刻影响，并被后世长期沿用。

印章印文为“象州磨勘司新朱记”，其特征和内容与史书记载相一致。“新”字为北宋初期的习惯用法，当时为了与五代相区别，一些官印往往加“新”字。“记”为宋代官印的三种形式之一，皇帝、皇后及太子印称作“宝”，各级军事和行政机构印称作“印”，其僚属及诸军将校印称作“记”或“朱记”。“记”起源于唐代，到宋代被广泛应用于下级官吏的印中。宋代中央的磨勘司机构，在文献中有很多记载，但地方州县的磨勘司机构，史籍中涉及较少，此印为探讨宋代地方州县的磨勘司制度提供了直接材料。同时，该枚印章也说明宋代象州地区基层官员的晋升，需经过当地磨勘司的考核，体现出宋代审官制度在少数民族地区的有效实行。

参考文献

[1] 蓝启辉 :《在废铜铁中发现宋代铜印》,《文物参考资料》1958 年第 2 期。

[2] 曾小华:《略论宋朝磨勘制度的特点及其社会原因》,《浙江学刊》1990 年第 2 期。

[3] 蒋廷瑜 :《与广西有关的几方唐宋官印》,《广西文史》2006 年第 1 期。

[4] 冯昆思 :《宋代象州磨勘司官印背后的故事》,“民族文化宫”微信公众号,2022 年 5 月 16 日。

五十四
回鹘王礼佛供养像

敦煌莫高窟第409窟是敦煌晚期的代表性石窟之一，该窟开凿于五代时期，沙州回鹘时期和清代重修过。该洞窟东壁门两侧绘制有供养人像，北侧为两身王妃，南侧为回鹘王礼佛供养像，这些壁画为沙州回鹘时期绘制。窟内壁画整体以蓝(绿)色为背景，而崇尚蓝（绿）色是回鹘文化的典型特征之一，在王者像北侧有两行模糊不清的回鹘文榜题。

很多学者从人物形象、衣冠服饰及仪卫制度方面，认为该王者应为回鹘可汗。回鹘可汗面相浑圆，脸颊肥硕，眼睛为柳叶形，鼻子高隆，嘴部较小，头戴莲瓣形高冠，颏下用绶带系一个结，身着圆领窄袖团龙纹长袍，腰间束带，带上配有解结锥、短刀、荷包等，脚穿白色毡靴，站于地毯上，手持长柄香炉，作礼佛状。在王者像前下方，还绘有一位少年，衣冠服饰与可汗相同，只是长袍上没有图案，可能为可汗之子。可汗身后有八位侍从仪卫，身材远小于可汗，均头戴扇形毡帽，两侧用红色丝带系于下颌，面形浑圆，柳形眼，八字胡须，身穿圆领窄袖花衫，腰间束带，脚穿白色毡靴，手持骨朵、伞盖、扇、弓箭、剑等，声势浩大。

“回鹘”之名来源于部落韦纥、乌护，韦纥居住在土剌河北，乌护居住在天山一带，回纥是铁勒诸部的一支。回鹘一度作为突厥汗国的臣属，后不断发展壮大起来，建立回鹘政权。公元743年，回纥汗国灭掉突厥，统一铁勒诸部，公元788年，回纥改名回鹘。公元840年，回鹘汗国瓦解，居住在漠北的回鹘部落大部分南下，其余分三支西迁，形成高昌回鹘（西州回鹘）、葱岭西回鹘、河西回鹘（甘州回鹘）。

归义军是唐代大中五年（公元851年）至北宋景祐三年（公元1036年）在沙州建立的地方政权，最初由张议潮起兵推翻吐蕃对沙州的统治而建立，即张氏归义军。后来曹议金取代张氏，建立曹氏归义军，并向四方朝贡，但之后又被沙州回鹘所取代。“沙州回鹘”的概念最早由日本学者森安孝夫提出，认为11世纪初或12世纪前半叶的沙州回鹘集团应来自西州地区，在实力壮大后控制了曹氏归义军政权，并最终统治了沙州。

敦煌所在的沙州，很早便是汉文化浓厚的地区。莫高窟第409窟壁画中，可汗所戴头冠、身着长袍、足蹬长靴，衣纹多用团窠图案，这些与新疆吐鲁番柏孜克里克石窟中的高昌回鹘可汗形象很相似，说明其保持了很多回鹘文化特征。但沙州回鹘长期与汉人杂居，也受到汉文化潜移默化的影响，可汗长袍上的团龙纹样，身后的仪卫侍从及其手中持物，都是仿照中原王朝最高等级的礼仪制度，这表明沙州回鹘深受中原文化的影响，是游牧文明与中原文明融合的例证。

参考文献

[1] 中国壁画全集编辑委员会编：《中国敦煌壁画全集·第10卷》，天津：天津人民美术出版社，1996年。

[2] 杨富学：《回鹘与敦煌》，兰州：甘肃教育出版社，2013年。

[3] 刘人铭：《莫高窟第409窟回鹘可汗可敦供养画像阐释——以汉文化因素探析为中心》，《绵阳师范学院学报》2018年第4期。

[4] 杨富学：《莫高窟第409窟的营建时代与民族属性——兼评西夏说与西州回鹘说》，《美术大观》2022年第2期。

五十五
藏文注音西夏文佛经

这些残页发现于黑水城遗址，纸张大小不一，纸上每个西夏文字旁都以藏文注音，这应该是为了方便吐蕃僧众学习西夏文佛经，可见当时黑水城地区生活着不少吐蕃人。苏联西夏学家聂历山对这类藏文注音的西夏文佛经进行过专门整理和研究，以此来构拟西夏文的字音。这种以拼音文字注音的佛经，反映了西夏文化的多民族特点，是研究西夏语音的珍贵资料。

黑水城遗址位于内蒙古自治区额济纳旗，西夏时为黑水城，元代为亦集乃路。1908—1909 年，俄国人科兹洛夫在黑水城遗址发现 8000 多件文献，但全部被其掠夺带走，现存圣彼得堡俄罗斯科学院东方学研究所。1914 年，英国人斯坦因也闻讯来到黑水城，带走了 4000 多件文书，现存伦敦大英图书馆。新中国成立后，考古工作者对黑水城遗址进行了多次考古调查与发掘，共发现 5000 多件文献。黑水城文书时代从宋延续至西夏、金、元诸王朝，具有非常重要的文献价值，黑水城文书是 20 世纪继殷墟甲骨、敦煌遗书之后第三次重大的古代文献发现。从清朝末年开始，随着西夏考古的不断发现，对其研究形成了非常热门的西夏学。

西夏是由党项人建立的政权，自称邦泥定国或大白高国，因其位于宋朝的西部，史称西夏，首都兴庆府（后改名中兴府，即今银川市），疆域范围在今宁夏、甘肃、青海东北部、内蒙古西部以及陕西北部地区。北宋宝元元年（公元 1038 年），李元昊称帝建国，其后历经十代君主，最终于西夏保义二年（公元 1227 年）被蒙古灭亡。除党项族外，西夏境内还有汉人、回鹘、吐蕃等民族，西夏文化深受汉文化及吐蕃、回鹘文化的影响，夏景宗时派野利仁荣仿照汉字结构创立西夏文，并下令通行。西夏建国前后，统治者大力提倡佛教，前期佛教主要受宋朝和回鹘的影响，中后期藏传佛教在西夏境内迅速传播和发展，吐蕃僧人的社会地位逐渐提高，黑水城出土藏文文献较多，也说明了这一点。

西夏崇尚佛教，地处边陲的黑水城也不例外，黑水城作为黑水镇燕监军司所在地，具有丝绸之路驿站的性质，吸引了大量吐蕃、回鹘、宋、辽、金等地佛教徒，该地区发现有大量佛寺遗址，城内外佛塔有 20 多座。黑水城出土公文、契约、书信等世俗文献和佛经文献，有西夏文、汉文、藏文、回鹘文、波斯文、回鹘式蒙古文、八思巴文、梵文、阿拉伯文、叙利亚文、突厥文、女真文等诸多语种。这些多民族语文献及文物，内容丰富，反映了当时人们的社会生活，说明黑水城与周边地区有广泛的民族文化交流，在东西方文化交流中起到了桥梁作用，是当时西北地区的佛教中心和多民族文化融汇之地。

参考文献

[1] 戴忠沛：《藏文注音西夏文残片的分类和来源》，《民族研究》2009 年第 6 期。

[2] 戴忠沛：《藏文注音西夏文残片综述》，载聂鸿音、孙伯君编：《中国多文字时代的历史文献研究》，北京：社会科学文献出版社，2010 年。

[3] 蔡彤华编著：《百年黑水城》，兰州：甘肃文化出版社，2017 年。

[4] 井内真帆：《黑水城的藏文文献》，载乌云毕力格主编：《西域历史语言研究集刊》（第十一辑），北京：社会科学文献出版社，2019 年。

五十六
婴戏莲纹印花绢

现藏于宁夏博物馆，两块都印有婴戏莲纹，一块长 84 厘米，宽 30 厘米；另一块长 87 厘米，宽 29.7 厘米。花纹采用连续纹样，即一排圆形花环，内绘四朵小白花，环外绘连珠纹；另一排是菱形花框，内绘四朵小白花。花环与画框错位排列，连续分布。画框四周各有一戏花童子，童子皆围有一橘红色肚兜，戴有桃形项圈和环形手镯，右手上举，左手下垂，各持一树枝，双腿腾空而起，穿行于枝叶丛中。整个构图以橘红、黑两种色彩为主，以橘红色为地，黑色勾画人物、花枝和弧线纹，并巧妙运用绢的自然白色，表现小花、圈形等图案，形成橘红、黑、白三色相间的效果。

婴戏纹，又称童子纹、童戏纹，是一种描绘婴儿玩耍、嬉闹的图样，生动活泼，富有生机，寄托着人们祈求子孙繁盛的美好愿望。该纹样源于佛教中的化生童子，与净土观念有关，隋唐时期逐渐定型，宋代不断成熟繁荣，明清时期被广泛应用到日常生活中的各类载体上，成为中国古代常见的传统纹样之一。

建立西夏的党项族是西北游牧民族，畜牧业发达，毛织业历史悠久。通过贸易和宋朝每年的“岁赐”，西夏从中原地区获取了大量丝织品，同时西夏也设置“绢织院”和“绣院”等机构，管理棉、麻和丝纺品的生产，在《天盛改旧新定律令》中有“染丝线、绣线、纺线工”等关于丝织的记载，说明西夏丝织业已经发展到一定水平。这两件精美的绢质婴戏莲纹图出土于拜寺口西塔天宫，应是珍贵的供养品。

拜寺口双塔始建于西夏中晚期，位于宁夏回族自治区贺兰县金山乡贺兰山拜寺口北坡，是一处西夏寺庙遗址。双塔东西相对，相隔 80 米，均为十三级八角密檐式塔，由塔身和塔刹两部分组成，不设基座。1986 年，由于双塔残损严重，文物部门对其进行了维修。在西塔塔刹的刹座西壁束腰正中，发现一密封的穹隆顶圆形宫室，前有封门，在靠近封门的宫室内壁面有一些梵文，其中有西夏文“上师”两字，宫室直径 2 米、高 2 米，四角攒尖式顶。宫室内放置有木桌椅、绢画、木雕像、铜佛像、纸币、木花瓶、纸绢花、印花绢等。从出土物和“上师”题记来看，拜寺口双塔的建造很可能与皇室关系密切。

拜寺口双塔为宋代流行的八角密檐式建筑，但塔身装饰具有浓厚的藏传佛教风格，拜寺口西塔天宫出土的木雕胜乐金刚双身像、上师像绢画、胜乐金刚双身像绢画，也明显深受藏传佛教影响。这两件花绢，织法精湛，历经岁月沧桑仍然色彩鲜艳，是西夏丝织品的代表之作。童子戏花源于中原地区传统的婴戏纹，童子胸前的肚兜明显是中原风俗，但童子的发式却有西夏风格，这些都体现了西夏对藏传佛教、中原文化的吸收和借鉴，是多民族文化融合的见证。

参考文献

[1] 宁夏回族自治区文物管理委员会办公室、贺兰县文化局：《宁夏贺兰县拜寺口双塔勘测维修简报》,《文物》1991 年第 8 期。

[2] 李进增、陈永耘著:《朔色长天:宁夏博物馆藏历史文物集萃》,北京:文物出版社,2013 年。

[3] 李玉峰：《西夏装饰纹样研究》，宁夏大学博士学位论文，2019 年。

五十七
《四美人图》

该雕版画为俄国人科兹洛夫1909年在黑水城遗址发现，并带回俄国，现藏于俄罗斯圣彼得堡艾尔米塔什博物馆。版画长57厘米，宽32.5厘米，采用麻黄纸印刷，最上方的天头由缠枝梅花、凤凰和“惊燕带”组成，底部地头为缠枝梅花纹，在天头和隔水之间的空白处，印有“隨朝窈窕呈倾国之芳容”。画面主体是四位女性形象，人物背后为园林和画商题字，园林内有栏杆和花卉，花卉旁印有“平阳姬家雕印”。

画面中的女性身着长裙，头戴凤冠，尽显华丽富贵之态。人物身旁均有长方形边框，框内有题名。最左边的为班姬，手持长方形团扇，目视前方；最右边为绿珠，手持步摇，微微转身向后回顾；中间两位分别为赵飞燕和王昭君，赵飞燕双手交叉于衣袖中，目视前方，王昭君一手拿书，另一手拿笔在书上写字。班姬即班婕妤，是西汉成帝的妃子，班超、班固的姑祖母，善于赋诗写作，她在受皇帝宠爱时仍能矜持自重。绿珠传说原姓梁，是西晋巨富石崇的宠妾，出生于越地，容貌艳丽，善乐器。赵飞燕为西汉成帝的第二位皇后，体态轻盈瘦弱，以美貌著称。王昭君为西汉元帝时的宫女，出塞远嫁匈奴，促进了汉朝与匈奴的友好往来。

从现存资料来看，古代的四大美女是有不同版本的，如明代张元凯《四美人咏》中就有王昭君、赵飞燕、卓文君、绿珠的说法，黑水城出土的《四美人图》分别是班姬、王昭君、赵飞燕、绿珠。目前通行的中国古代“四大美女”，分别是春秋末期的西施、西汉的王昭君、东汉末年的貂蝉、唐代的杨玉环，同时有西施“沉鱼”、昭君“落雁”、貂蝉“闭月”、玉环“羞花”的历史故事，由此来说明她们美貌绝伦。但这种“四大美女”的说法定型较晚，清朝道光年间，华广生收集编纂了民歌集《白雪遗音》，第一次将西施、王昭君、貂蝉、杨玉环并列为四大美女，此后这一说法逐渐流行。

版画在中国起源较早，现存最早的版画是唐代咸通九年（公元 868 年）的《金刚般若波罗蜜经》卷首图。唐代、五代时期的版画，在西北和江浙地区有一些发现，大多古朴俊秀。宋元时期版画进一步流行，雕印题材多样，出现了开封、杭州、绍兴、苏州、成都、眉山等各具特色的版刻中心，同时宋代也出现铜版印刷，主要用于制造纸币和广告。明清时期是版画发展的高峰，版画出现各种不同的流派，创作出很多优秀的作品。

从《四美人图》的题记来看，该版画由“平阳姬家”雕印，明确了生产地和商家名号，具有广告的效应，同时也有保护版权的作用。平阳即今山西临汾，在金代是北方印刷中心之一，平阳与黑水城相距 2000 多公里，这幅具有明显中原风格的《四美人图》，应是通过商业贸易流通到西夏，反映了北方地区各民族间的交流融合。

参考文献

[1] 罗凡:《略论版画 < 四美图 > 的地域性特征》,《美术教育研究》2014 年第 23 期。

[2] 徐德记 :《平阳木版年画 < 四美图 > 考疑》,《艺术设计研究》2017 年第 5 期。

[3] 张桐源:《版画 < 随朝窈窕呈倾国之芳容 > 研究》,西安美术学院博士学位论文，2019 年。

[4] 张桐源 :《俄藏平阳版画 < 随朝窈窕呈倾国之芳容 > 探微》,《新美术》2020 年第 3 期。

五十八

“寿长福德”镜

铜镜于1973年内蒙古自治区昭乌达盟喀喇沁旗永丰公社出土。镜面为等边八角形，边长5.6厘米，最大直径14.6厘米，圆纽，纽上下左右各装饰契丹铭一字，合为“寿长福德”，现藏于内蒙古博物院。在四字外装饰一凸起双边的方框，方框外饰四组草叶纹。镜背左下侧阴刻汉字“宝坻官”三字，“官”字下有一画押。

这种铜镜过去在朝鲜曾出土过一面，收录在《辽陵石刻集录》和《古镜图录》等书中。左下侧面阴刻汉字“宝坻官”三字，“官”字下有一画押。据《金史·地理志上》，宝坻为大兴府县名，金世宗大定十二年（公元 1172 年）置。据推测，此镜为辽代所制，在金代被宝坻县的县官检验时签刻上“宝坻官”三字。这是由于金代连年战争，货币短缺，铜禁甚严所致。金代曾三令五申严禁毁钱铸镜,即便是家藏的古镜也要送交有关部门检验签刻方为合法。“宝坻官”三字仅说明此镜曾经金代宝坻县官员检验,不是毁钱私造的,并不能说明造镜的时间和地点。同样的“寿长福德”四个契丹小字还在同时期的钱币上出现，仅仅是排列顺序稍有差别。

契丹政权建立后，为了适应政治、军事、经济、文化发展的需要，在民族意识的促使下，曾先后创制了契丹大字和契丹小字两种不同类型的文字。根据历史文献的记载，契丹大字，于辽太祖神册五年（公元 920 年）所制；另一种契丹小字虽没有记载确切的制字年代，但如果从整个契丹文字的情况来进行考察，可以看出，契丹小字的创制应在契丹大字之后。从历史记载中，我们可以明显地看到，契丹在创造文字过程中有汉人参与，并且是参照汉字制成的。两种契丹文字除了有不少直接借用汉字的字形外，即便与汉字不完全相同的字，其形体特征、笔画走向也是套取汉字而来，很像汉字的偏旁部首。从契丹造字的史实不难看出中原文化对各兄弟民族文化的深刻影响和祖国各民族间文化交流的悠久传统，契丹文字的创制正是契丹、汉等民族长期交往交流交融的结果。

两种契丹文字创制后与汉字同时在辽朝境内通行。关于契丹文字行用的范围，根据史籍零星的记载，主要用于刻纪功碑、诸部乡里之名、外交书函、旗帜等。目前所见数量最多的记录契丹文字的文物是辽代皇室使用的哀册和各阶层人士使用的墓志。在《辽史》和《金史》列传中，特地标出传记主人是否通习或工于契丹文字。这似乎说明，契丹文字即使在辽、金当时也并未为民众普遍掌握，甚至在官场中，也以通习契丹文字为一种不易做到的高深学问。契丹小字铜镜的发现，为研究契丹文字在辽金日常生活中的使用和流通范围提供了宝贵的实物资料。

参考文献

[1] 刘凤翥、翁善珍、郑瑞峰、金永田:《内蒙古喀喇沁旗出土契丹小字铜镜考释》,《考古》1982 年第 3 期。

[2] 清格尔泰、刘凤翥、陈乃雄、于宝林、邢复礼 :《契丹小字研究》，北京 : 中国社会科学出版社 ,1985 年。

[3] 孔祥星、刘一曼、鹏宇编著:《中国铜镜图典》(修订本), 上海: 上海古籍出版社, 2020 年。

五十九

《竹雀双兔图轴》

图轴纵 114.3 厘米，横 56 厘米，绢本设色，无款，现藏于辽宁省博物馆。画面上部绘有高低起伏的双钩墨竹一丛，竹竿纤细，长短有殊，坚韧劲挺，宽大的竹叶错落对称而生，中间耸立的“山”字形的三竿长竹上分别停落着神态各异的麻雀一只。左侧麻雀扭头专注地俯视着下方的蒲公英，似在觅物；中间麻雀高立枝头，向下静观;右侧麻雀埋头展翅，梳理羽毛。三只麻雀位置错落有致，姿态动静结合。竹丛根部生有三株盛开的鲜艳野花，从左至右分别是蒲公英、地黄和白头翁。画面下方，有两只野兔在满是杂草的平坦地面上活动，野兔双耳后贴身体，呈放松神态，一只卧地低头咀嚼口中草叶，另一只前腿伸直以支持身体上扬，似在找寻感兴趣的目标。野兔头颈背部酱麻色，胸腹部中央为纯白色，耳有黑尖，尾背方黑灰色，为东北兔的典型体貌特征。画面整体装饰性很强，极具生活气息。

图轴于 1974 年出土于辽宁省法库县叶茂台七号辽墓。叶茂台辽墓群是辽代后族萧氏的家族墓地，墓葬形制多样、文物丰富，对研究辽代契丹的历史、习俗和艺术有重要意义。七号墓墓葬规模宏大，随葬品精美且丰富，这座高等级砖室墓的墓主身份虽然无法确定，但是根据墓葬的建筑类型和陪葬品，可以推测其为辽代早期或中期的契丹贵族女性。该墓葬主室安置房形木椁，内东西横置画像石棺，石棺棺盖上还有一件金缕绣袍，绣袍上放置一个包裹，其内是一个装满日常生活用具的漆奁。另外，门内东侧地板上放一把铁剪，西侧放一盆餐具，木椁内东西两壁各悬挂一幅图轴。西面为花鸟画，定名为《竹雀双兔图轴》；东面为山水画，定名为《山弈候约图轴》。房形木椁与唐代为皇族勋贵所用房形石椁的形制基本相同，其区别在于此木椁置于遍施花卉纹和兽纹彩绘的带围栏、须弥座式的棺床上。有学者推测房形木椁是地面木构建筑的缩小版模型，像是对真实家居环境的模拟，以作为墓主去世后的起居空间。不论是房形木椁或是悬挂绢画，均表明以叶茂台七号墓墓主为代表的契丹贵族深慕唐风，中原文化在辽代墓葬文化中影响巨大。

不论山水抑或花鸟画，晚唐至辽宋时期，均是逐渐发展独立成科的关键时期。真正以花鸟作为主体，中晚唐时期发源，经过五代，直到北宋初期臻于成熟，中期极盛。叶茂台七号辽墓出土的《竹雀双兔图轴》装饰性尤为显著，尤其表现在对称构图方面，勾勒用笔虽熟，但造型欠精。正是装饰味道尚未洗净，展现出花鸟画从原有附属于其他画作的地位逐渐演进出独立性。整幅画作吸收了唐五代的绘画风格和技法，同时融合了草原民族奔放粗犷的特点。

参考文献

[1] 辽宁省博物馆发掘小组、辽宁铁岭地区文物组发掘小组 :《法库叶茂台辽墓记略》,《文物》1975 年第 12 期。

[2] 杨仁恺:《叶茂台第七号辽墓出土古画考》,上海:上海人民美术出版社 ,1984 年。

[3] 朱萍 :《〈山弈候约图〉和〈竹雀双兔图〉研究》,《美与时代》2022 年第 6 期。

六十
鎏金人物故事纹提梁银壶

该银壶2003年出土于内蒙古自治区通辽市科尔沁左翼后旗吐尔基山辽墓。壶为银质，口径5.9厘米，高27.5厘米，花纹鎏金，直口，长颈，扁圆形腹，喇叭状圈足，半圆形提梁，宝珠形盖，饰有莲瓣纹、花鸟纹、折枝花卉纹、狮子戏珠纹，腹部两侧各饰一组人物图案，两图均有榜题。其中一幅题作“四浩先生”，另一榜题为“弘牙先生”，实即“洪崖先生”，正如另一幅中的“四皓”写作“四浩”。

吐尔基山辽墓位于内蒙古自治区通辽市科尔沁左翼后旗大吐尔基山东南麓的山坡上，墓葬规模宏大，葬具为彩绘木棺、内棺和须弥座状彩绘棺床，出土了大量精美的随葬品，特别是精致的贵金属器，如银角号、单耳八棱金杯、鎏金铜牌饰、龙纹金花银盒、狮纹金花银盒、摩羯状金耳坠、金手镯、金戒指等。有学者根据墓主人头戴金质圆圈十字梁、衣服腿部缀铃、墓内出土金片流苏为萨满服所特有等特征，结合历史文献记载和民族学中对欧亚草原东部地区萨满的调查资料，认为墓主极有可能是一位出自迭剌部耶律氏的贵族女性，其身份是专为契丹皇室服务的女“大巫”。

银壶腹部一侧装饰四老围坐、两旁各立一侍者的图案，据榜题即知为商山四皓的故事。四皓故事，很早就进入器物装饰领域，如江西南昌火车站东晋墓出土彩绘人物故事图漆盘，又如河南邓州学庄村南朝墓出土彩绘模印砖。东晋漆盘中尚出现往商山礼请四皓为辅佐的惠太子，但在装饰领域的图像传递过程中，似乎逐渐略去了故事中的政治背景，以后便成为神仙故事了。而另一侧则在开光内的鱼子地上装饰草丛簇簇，山石三五，其间一行五人。策鞭缓辔骑驴者一，前后从者四，乃分别捧物：持羽扇，负琴，背酒葫芦，肩扇。肩背六角扇之侏儒甚为怪异。据榜题可知其描绘的是洪崖，乃是民间传说中的常常骑白毛驴的得道神仙，身旁总有长相奇特的仆从和六种宝物。吐尔基山辽墓出土银壶的取材应来自绘画以及口传的故事而非文本，构图因素的更易和削减，部分原因或在于材质和工艺，但主要特征依然是保留的。

在辽、宋两个南北政权长期对峙的情况下，仅就金银器来说，辽代金银器皿装饰纹样中的中原风格竟贯穿始终，为契丹贵族上层所接受和喜爱。吐尔基山辽墓出土的鎏金银壶与同墓出土的漆奁盒盒盖宴饮图等精美文物，为辽宋对峙时期各族群长期交往交流交融提供了重要物质实证。

参考文献

[1] 内蒙古文物考古研究所：《内蒙古通辽市吐尔基山辽代墓葬》，《考古》2004年第7期。

[2] 冯恩学：《吐尔基山辽墓墓主身份解读》，《民族研究》2006年第3期。

[3] 扬之水：《关于吐尔基山辽墓出土银壶所饰人物故事图》，《收藏家》2011年第10期。

六十一
备茶图壁画

1993年发现于河北省张家口市宣化区下八里辽代墓群六号墓前室东壁，高1.59米，宽1.95米，画面由人物、家具、器皿等组成。左右两侧各绘一长方形桌，左边的桌上有夹子、提梁壶、刷子、刀锯、勺、筷、盖罐、方箱等，桌后一髡发男子，怀抱白色执壶半侧身而立，面色粉红，身着土黄色圆领长袍，绿色中衣，系蓝色腰带，穿黑色高筒鞋。桌前一童，半侧身而坐，扎双髻，身穿土红色交领衣，挽袖，脚穿系带鞋，身前放一茶碾子，右手推碾。碾前绘一漆盘，盘内置一白色小碗。桌子右前方绘火炉，炉上置白色瓜棱壶，一髡发男童跪于炉前，身着土黄色圆领长袍，白色腰带，黑靴，左手扶膝，右手执团扇扇火。右桌深灰色，桌上放有花口盘、壶等器。桌前绘盝式盖箱子，黑色锁子。桌左后角立一妇人，梳髻，上身穿浅绿色交领短襦，下穿杏黄色细褶裙，红色翘尖鞋，双手托盘，半转身回首。妇人身后一髡发男子，双膝着地，身穿蓝色圆领长袍，褐色腰带，黑靴，双肘压着茶罗子，手背托着下巴。

备茶是辽代晚期宣化墓群中墓葬装饰的重要题材，在不同墓葬中多次出现，画面内容表现了仆人、侍吏为墓主人准备茶汤和进献茶汤的过程，包括碾茶、煮茶、点茶等环节。不同墓葬的备茶壁画在描绘整个备茶、进茶程序时显示出人物及场景的转换。唐代以降，饮茶成为人们的一种生活习惯，茶也成为宋朝最重要的饮料及外交馈赠礼品。地处燕云的辽国宣化地区，其统治区域并不产茶，但通过宋辽贸易和宋朝的馈赠，契丹境内各阶层开始接触茶并逐渐养成嗜茶之风。从辽代晚期宣化辽墓备茶图画面所表现的茶具看，其饮茶之具均为白瓷；从壁画中瓷器的具体形态再结合宋代河北定瓷的传世品及考古发掘出土品观察，可以推测其为华北地区定瓷器皿的具体刻画，揭示了宋王朝生产的瓷器从华北地区流播到长城内外的辽地，且为辽人所喜爱。

唐人陆羽《茶经》中记载有 20 余种茶具，分为煮茶、饮茶、贮茶、碾茶四类，包括风炉、筥、炭挝、火夹、釜、交床、夹、纸囊、碾、罗、合、则、水方、瓢、碗、竹夹、具列、畚等。其中主要的风炉、夹、碾、碗、畚等在这幅壁画中均有表现，形式也大多相类。宣化辽墓壁画所表现的备茶程序包含碾茶、煮浆、点茶等程序，也与中原地区宋代墓葬壁画及文献记载相似，正是北地对中原文化吸收的一种表现。备茶图中出现的髡发左衽的契丹人备茶形象，更是证明了契丹人对茶也颇为熟悉和喜爱。辽地人民不仅爱好饮茶，更是将中原饮茶的整个程序也几乎全部继承，从贮茶、选茶、碾茶、烹茶到饮茶的整个流程，在壁画中都有翔实的表现，表明辽人对中原传统茶艺的吸收和融合，展现了辽代晚期宋辽人民密切交往、和谐交流的图景。

参考文献

[1] 张家口市宣化区文物保管所:《河北宣化辽代壁画墓》,《文物》1995 年第 2 期。

[2] 河北省文物研究所编著 :《宣化辽墓 : 1974—1993 年考古发掘报告》, 北京 : 文物出版社 ,2001 年。

[3] 李清泉 :《宣化辽墓壁画散乐图与备茶图的礼仪功能》,《故宫博物院院刊》2005 年第 3 期。

[4] 陈朝云、刘亚玲 :《宋辽文化交流的考古学观察——以宣化辽墓的考古发现为视角》,《郑州大学学报》(哲学社会科学版) 2015 年第 1 期。

六十二
齐国王墓出土服饰

金代齐国王墓位于黑龙江省哈尔滨市阿城区巨源乡城子村，墓葬略呈东西向。石椁内为一长方体朱漆木棺，木棺上罩绛地交龙金锦棺褡。棺盖正中钉“太尉开府仪同三司事齐国王”铭文银棺桧。朱漆木棺内葬男女二人，男左女右，均为仰身直肢，头西脚东。男女所着服饰保存完好，用料精美，做工考究，部分款式保留女真服饰特点，出土时色泽鲜艳、纹样清晰，尤其是金锦或印金花纹，金光闪耀、光彩夺目，现藏于黑龙江省博物馆。

1988 年 5 月，黑龙江省的考古工作者清理发掘了有“北方马王堆”之称的金代齐国王墓，出土了一大批珍贵的文物。

齐国王墓为男女合葬竖穴土坑石椁木棺墓。男尸所着服饰与用具包括皂罗垂角幞头、白玉天鹅衔莲花纳言、玳瑁簪、金珰珥、黄地朵花金锦大带、玉具剑、金饰墨玉鹿庐、紫地金锦襕棉袍、素绢佩巾系白玉菱角坠香盒、红罗勒帛、三事佩刀、褐绿方罗旄袋、绛暗花罗缀珠盘囊、金轴环白玉瓜鹅坠系香盒、褐地翻鸿金锦棉袍、褐地朵梅鸾章金锦蔽膝、苔绿地栀子金锦棉蔽膝、黄地散搭花金锦棉衣、黄绢禅衣、绿绢棉吊敦、素绢大口裈、黄地散搭花金锦绵六合靴、黄地小杂花金锦夹袜、素绢兜跟、金握和六棱藤杖等；女尸所着服饰与用具包括花珠冠、白玉练鹊纳言、蓝地黄彩蝶装花罗额带、黄褐菱纹暗花罗抹额、黄绢面帛、黄褐地牡丹卷草印金暗花罗缀珠大带、紫地云鹤金锦绵袍、黄褐菱纹暗花罗腰带、绿地忍冬云纹夔龙金锦绵袍、素绢团衫、绿罗萱草绣鞋、绛绢绵吊敦、棕褐菱纹暗花罗萱草团花绣绵大口裤、素绢绵抱肚、金珰珥、赤金红玛瑙项链和紫罗条穿绿松石蟾蜍坠香盒等。

男女衣袍衫衣襟皆左衽，与历史文献所载女真人衣左衽、窄袖相符。男尸所着外袍袖口边缘有穿着磨损痕迹，外袍上钉有多对扣袢；女尸服棕罗云龙贴补绣抱肚，袢带上印一方“齐”字戳记，褐绿地全枝梅金锦棉裙裙上墨记女真文戳印符号及枕巾角上御压符号等，皆足以说明诸衣物为墓主生前所用或物品来自皇宫之内。这些质地精良的金锦、染色绢、素绢、罗、绫、纱及其纹样艺术均表明原产于宋朝苏杭地区，当是通过宋金岁币及金对宋东京府库的掠夺等渠道而进入金朝官用丝帛领域。历史文献记载，宋绍兴年间纳金岁币中浙绢八万匹，而浙绢则是宋代极为优质的丝织品，有“入水浣濯百余度，其质尚存”的记载，齐国王墓出土服饰历经八百余载而未朽，丝料质佳不易朽坏正是重要原因之一。

金朝早期服饰较为简单，据金太宗时长期留居女真内地，深入了解早期金代女真人生活习俗的洪皓在笔记《松漠纪闻》中记载，是时女真族多以动物皮毛和麻布等为衣料，尤其是羔羊皮的使用最为普遍。但是齐国王墓墓主夫妇的衣物概为丝织质料，并未有见裘皮和麻布。同时，齐国王左佩玉剑具，右佩墨玉鹿庐，其制已与中原佩剑传统趋同。又金代早期服饰纹样简朴，齐国王墓完整的棺椁装饰制度和墓主所着龙纹、云龙纹、团龙纹、夔龙纹等装饰图案均应该是海陵王迁都燕京，充分接受中原文化后，金代礼仪制度日臻完善的产物。

参考文献

[1] 黑龙江省文物考古研究所：《黑龙江阿城巨源金代齐国王墓发掘简报》，《文物》1989 第 10 期。

[2] 赵评春、迟本毅：《金代服饰：金齐国王墓出土服饰研究》，北京：文物出版社，1998 年。

[3] 李艳红：《金代女真服饰的汉化与创新——金齐国王墓出土袍服及蔽膝形制探析》，《装饰》2013 年第 12 期。

六十三

奥屯良弼诗碑

碑刻在山东蓬莱发现，立于山东蓬莱城里画桥南旁佑德观（后改名万寿宫），以后又移至蓬莱阁天后宫。诗的上下款系女真字楷书，诗题及正文则系女真字行书，行格之间留有间隔。

碑中奥屯舜卿即奥屯良弼，《金史》无传。但据学者们研究，这首诗作于承安五年（公元 1200 年）。在金章宗中期奥屯良弼任侍御史，其官阶从五品，参与处理御史台日常事务。在前往泗州的路途中，与时任太尉的张炜往来密切，赠诗一首予他。奥屯良弼大约出身于女真上层，是一位才华出众、熟谙儒家经典并且善于书法的女真族士大夫，蓬莱主簿牙古太则利用职务之便为之勒铭立石以示推崇。

诗碑实为了解金代女真语流传和社会面貌的珍贵文物。天辅三年（公元 1119 年）八月金王朝创制女真大字始，之后金朝便又在天眷元年（公元 1138 年）对女真文字进行了一次重大改革和修补。又过了七年，改革后的女真小字开始推广使用。到大定四年（公元 1164 年）起用女真字译经书。由于金世宗的努力和提倡，女真语文进入了空前繁荣的时期。但是由于女真字创制时间不长，翻译汉文时仍然需要契丹文为媒介。直至金章宗时代，女真文字开始进入不经契丹文而直接翻译汉文的崭新阶段。诗碑正是金代女真文字独立使用时期的重要物质实证，对我们了解这一时期金代女真文流传的情况具有重大价值。在金代，由于中原文化的影响，金熙宗“能赋诗染翰，雅歌儒服……宛然一汉户少年子也”。在皇室和女真士大夫阶层中中原文化影响尤为突出，女真诗人以吟咏为乐，时时与士大夫酬唱。

诗碑所载诗歌正是地道的汉文律诗，其诗歌格律极为严谨，显然是熏习中原文化已久、谙熟于诗词格律的金代士大夫之间日常酬唱之作。从大定四年（公元 1164 年）起金朝以女真字翻译大量儒家经典，儒学在金代政治、思想、文化领域中迅速上升到统治地位。大定二十八年（公元 1188 年）又建女真太学，加强了对儒家伦理和思想的教学和推广。为了让女真人“知仁义道德所在”，朝廷将儒学经典译本发行流通到社会各阶层。诗文中大量用典均源于《诗经》《礼记》等儒家核心典籍，就连作者奥屯良弼的“名”和“字”，也是出自儒家经典。

参考文献

[1] 罗福颐、金启孮、贾敬颜、黄振华:《女真字奥屯良弼诗刻石初释》,《民族语文》1982 年第 2 期。

[2] 和希格、穆鸿利:《从奥屯良弼女真文石刻看金代民族文字的演变》,《北方文物》2002 年第 3 期。

[3] 景爱 :《金代石刻概述》,《北方文物》2009 年第 4 期。

六十四
“柳毅传书”故事铜镜

铜镜于1964年出土于今黑龙江省哈尔滨市阿城区，直径10厘米，边厚0.2厘米。镜面为圆形，圆纽。纽左侧上方沿着镜边有一株大树，枝叶覆盖在镜上方。树下一男一女，拱手于胸前，相对而语，他们的脚下几只羊儿做出不同姿态。纽右侧一人牵马，马头向右。从人物的形象与纹饰内容看，当是表现民间广为流传的“柳毅传书”的故事。

“柳毅传书”故事取材于收录在《太平广记》中的唐代传奇小说《柳毅传》，故事内容大致为：书生柳毅落第后在前往告别乡人的路上，遇见一妇人牧羊，容颜憔悴。遂问而得知，妇人乃洞庭龙王之女，嫁给泾川次子，未能得幸，又蒙姑舅毁黜，甚是可怜。洞庭遥远，想与父王通信不成，欲借柳毅之手将目前处境告知父王。柳毅深感同情，欣然答应。龙女遂告知入洞庭之法，并予以书信。柳毅攻坚克险，告知洞庭龙王，几经波折，后泾川次子被龙王弟钱塘君所灭，龙女得救。龙女几经周折后嫁给柳毅，终成眷属。

这类题材的铜镜在宋金时期乃至明清两代仍然非常流行，集中反映了这一时期的社会意识、生活时尚和审美观念。“柳毅传书”故事铜镜图案有多种形式：一种在左上方有一树，树下一对男女对话，右有一书童牵驴；一种是在上方有一树，树下右侧一书生与左侧的女子对话，女子身后随一侍女，纽下有一书童牵驴；还有一种是上方为树下书生与女子对话，羊群、童子引马在其旁，下方则是以水浪为题材，波涛翻滚，水中往往还有两条鱼相向而游，尾部均朝上。前两种形式当是表现“柳毅传书”故事中的湖滨惜别场景，第三种则是又增加了“泾水托书”的场景，更加全面地表现了整个故事情节。这些“柳毅传书”镜，在天水市博物馆有收藏；天津历史博物馆藏有一面西青区大寺乡出土铜镜亦类似；陕西商州区博物馆和铜川博物馆也藏有此类镜子；1964 年吉林省四家子古城遗址和农安县古城分别出土一面“柳毅传书”故事铜镜，与阿城出土此面铜镜极为相仿；敦煌市博物馆藏一面明代“柳毅传书”镜，题材当为“湖滨惜别”，等等。

这类以汉族历史故事和民间传说为题材的“许由巢父”“柳毅

传书”“牛郎织女”“宁戚饭牛”“王质观棋”等故事镜在金代广为流传，在金代铜镜中明显多于其他种类的铜镜，超越了历朝历代。这在很大程度上说明金人对人物镜的重视抑或偏爱，尤其是“柳毅传书”故事铜镜在金朝女真故地的出现，反映了金代境内各民族互相交融，地处金朝龙兴之地的阿城地区接受中原文化已经成为当时普遍的社会风尚。

参考文献

[1] 阿城县文物管理所编：《阿城县出土铜镜》，1974年。

[2] 关燕妮：《略论金代人物镜》，《草原文物》2019年第2期。

[3] 孔祥星、刘一曼、鹏宇编著：《中国铜镜图典》（修订本），上海：上海古籍出版社，2020年。

六十五
武威白塔寺

武威白塔寺位于甘肃省武威市东南的武南镇白塔村。白塔寺的始建年代不详，元末毁于战火，后几经重建，又受到20世纪20年代武威大地震的破坏，原来规模较大的寺院，仅余部分建筑的基座及台基部分，进入新世纪，党和政府修复了见证西藏正式纳入中国版图的这处历史古迹。

在这座几经颓圮的寺院中，曾经发生了一件见证民族团结的重大历史事件。公元 1247 年，蒙古窝阔台汗之子阔端与西藏萨迦派第四代法王萨迦班智达在凉州举行会谈，促成了西藏各僧俗势力归顺蒙古汗国，史称“凉州会谈”。萨迦班智达在会谈结束后并没有返回西藏，而是留在了凉州弘扬佛法，讲学授徒，于公元 1251 年圆寂于凉州，阔端将其灵骨置于白塔寺。

在“凉州会谈”之前，西藏在吐蕃王朝瓦解之后陷入内乱，先后出现多个政权，不同的政治势力、宗教势力明争暗斗，人民苦不堪言。而蒙古汗国正值兵强马壮，一路势如破竹，阔端依父之命镇守凉州，占领西藏势在必行。但是西藏面积广大、气候多变、地势复杂，阔端意识到解决西藏问题不能轻举妄动，要慎之又慎，以武力强取绝非最佳方法。在与西藏僧俗接触的过程中，阔端意识到，藏传佛教在西藏社会具有很强的影响力，若能与宗教界领袖达成共识，对西藏归顺一事则大有助益。阔端于是遣使邀请当时居住在乌斯藏的萨迦班智达前来凉州共商大计。萨迦班智达作为当时西藏最有影响力的教派——萨迦派的领袖最终身赴凉州，后写有《萨迦班智达致蕃人书》，具陈会谈达成共识。在双方的共同努力下，蒙藏人民免于战争摧残，由此西藏被纳入中央王朝统治。在抵达凉州前，萨迦班智达首先将包括八思巴在内的两个侄子送到凉州。后来，八思巴作为萨迦派的第五代法王也在元王朝的发展中扮演了重要角色。

武威白塔寺是西藏纳入中国版图的历史见证，为了保护这一重要的历史遗址，1999 年，考古工作者对武威白塔寺遗址做了全面的勘探和重点区域的发掘，并对寺院现存各类遗物做了搜集和整理。根据考古发现，武威白塔寺在形制上与西藏佛教寺院风格较为类似，还具有防御性结构，基本探明了寺院的平面结构，还发现了萨迦班智达灵骨塔的始建与历代修复痕迹，为保护白塔寺这一重要历史文物起到了很大作用。2001 年，白塔寺被列入第五批全国重点文物保护单位。2003 年，由国务院及甘肃省政府拨款，对白塔寺做再次修复，保留了中心的灵骨塔遗址，又复建了 99 座白塔,使这处见证西藏正式纳入中国版图的遗迹重现生机。

参考文献

[1] 魏文斌、李明华 :《武威白塔寺调查与研究》,《敦煌研究》1999 年第 2 期。

[2] 中国社会科学院考古研究所、甘肃省文物考古研究所 :《甘肃武威市白塔寺遗址 1999 年的发掘》,《考古》2003 年第 6 期。

[3] 魏翔行 :《西藏纳入祖国版图的见证地——凉州白塔寺》,《社科纵横》2006 年第 10 期。

六十六
畏兀儿文木活字

中国是世界上最早使用活字印刷的国家，汉文史籍对此有比较确切的记载。至于早期实物则已罕见，人们只能凭借沈括在《梦溪笔谈》中的记载了解中国最早的活字印刷技术。值得庆幸的是，数百年之后，在敦煌莫高窟发现了数枚回鹘文木活字，使人们得以一睹人类四大发明之一的活字印刷术的早期实物标本风采。

今天主要聚居于我国新疆的维吾尔族具有悠久的历史，其先民在隋唐之际被称为“回纥”，是活跃在我国北方的一支重要民族，在隋末唐初因不满突厥的压迫，在首领菩萨的领导下大败东突厥，但在东突厥灭亡后又受制于薛延陀，最终与唐朝联手摆脱其控制。唐王朝为了加强对边疆的控制，广置羁縻府州，以回纥部为瀚海都护府，任命其首领为怀化大将军兼瀚海都督。后又将燕然都护府改为瀚海都护府，回纥及漠北皆被纳入其管辖。但由于后突厥的复国，一部分回纥民众前往今甘肃张掖和武威一带，即古代的甘州和凉州；而留守故土者最终与其他被后突厥统治的部落联合，击败后突厥并建立了一个庞大汗国，这些部落也渐趋融合。贞元四年（公元 788 年），回鹘一名开始取代回纥活跃于史书，而随着唐王朝在安史之乱以后国力渐衰，回鹘利用其连接东西的地理位置，获得了很大的贸易利益。唐王朝也十分重视与回鹘交好，曾多次将皇帝亲女嫁给回鹘首领，这在其他民族中是较为少见的。

回鹘由于长期地处东西交通的要冲，受多重文化的影响。在 8 世纪，回鹘受到西域的一个重要民族——粟特的影响，采用粟特字母拼写，并最终演变形成了回鹘文。回鹘文由上至下、由左至右书写。另有一件重要唐代文物——九姓回鹘可汗碑便由回鹘文、汉文和粟特文写成，这也是唐代时期民族融合的重要见证。

到 9 世纪中叶之后，回鹘的漠北汗国内乱频发，最终败于黠戛斯而被迫迁徙，其中一支迁至西州和龟兹，在宋代被称为高昌回鹘。高昌回鹘不满西辽的统治，利用蒙古反抗，归降成吉思汗，几经波折，最终为察合台汗国统治。高昌回鹘在元代称呼也发生了变化，被称为畏兀儿，还有其他译名。

回鹘一族名称几经变更，命运几经波折，回鹘文却在漠北汗国分裂后仍被大部分回鹘人使用，并得以流传。回鹘文其实到15世纪才在西域失传，居于河西、渊源可追溯至唐代回鹘的裕固族先民，则直到康熙年间才停止使用回鹘文。

元代畏兀儿人因善于农业和手工业而颇受重视，畏兀儿文也是当时一种重要文字，吐鲁番曾出土了大量刻版印刷的经文。在莫高窟曾先后四次发现1000余枚回鹘文木活字，这里是回鹘文木活字仅有的发现地。其中第四次发现是在1988—1995年敦煌研究院考古所清理莫高窟北区期间，共有48枚，这是唯一一批经科学考古发掘而发现的回鹘文木活字实物。印刷术是我国的四大发明之一，宋人毕昇发明了活字印刷术，但目前尚未发现宋代的实物遗存。这些回鹘文字既为研究这一尘封于历史的文字提供了鲜活的证据，也是中原地区印刷技术和文化在少数民族地区交流传播的实证。

参考文献

[1] 史金波:《汉族和少数民族文字书籍印刷出版之互动》,《文献》2006年第1期。

[2] 彭金章主编，敦煌研究院编：《敦煌莫高窟北区石窟研究》，兰州：甘肃教育出版社，2011年。

[3] 万安伦、赵梦阳、鲁晓双:《试论新疆对中国印刷术发展和外传的历史贡献》,《中国编辑》2016年第6期。

[4] 本刊辑：《回鹘文木活字：世界上最早的活字印刷实物》,《广东印刷》2020年第5期。

六十七

大元帝师统领诸国僧尼中兴释教之印

这枚“大元帝师统领诸国僧尼中兴释教之印”，是元成宗铁穆耳在元贞元年（公元 1295 年）赐给第五任帝师扎巴俄色的。印文为八思巴文，元代官印所用语言因主人身份有所不同，其中帝师国师印用八思巴文，印高 8.1 厘米，边长 9.6 厘米，双龙盘纽，为玉质，现藏于西藏博物馆。

自“凉州会谈”以来，西藏被正式纳入中国版图。为了巩固对西藏的统治，元王朝统治者延续了对藏传佛教这一宗教势力的重视。

忽必烈建立元朝时，参与凉州会谈的萨迦班智达的侄子八思巴为萨迦派第五代首领，而且是首先抵达大都的藏传佛教领袖。忽必烈首先“以梵僧八合思八为帝（国）师，授以玉印，统释教”。至元元年(公元 1264 年)忽必烈又创立了总制院即后来的宣政院，由八思巴统领。《元史·桑哥传》明确写道：“总制院者，掌浮图氏之教兼治吐蕃之事。”

宣政院是全国寺院的最高管理机构，不仅要维护僧人的特权，还要管理诸如建筑寺院、刻经的诸多佛事活动。至于涉藏事务，宣政院在军事方面，对吐蕃地区的军事事务负有直接责任，设置军事机构、任免军事官员都需经过宣政院。宣政院有权处理涉及西藏的大多事宜，但如果是重大的军事举措还需要与枢密院，即掌管全国军事事务的机构商议。宣政院也要处理吐蕃地区的行政事务，包括对赋税、驿站等的管理。宣政院同时处理僧人之间的刑事和纠纷，具有司法权，但后来被免去。

玉印是元代皇帝对一二品官员宣命的印章，历代帝师之印均为玉质，等级高于诸王的金印。著名的八思巴文学者照那斯图曾经搜集整理了盖有帝师印的帝师法旨，其中六位帝师颁布的 14 件藏文法旨都用了写有“大元帝师统领诸国僧尼中兴释教之印”的印章，恰与本印相同。照那斯图认为在第五任帝师之前的帝师也应被授予文字内容相同的玉印，而且这些印章虽然文字内容相同，但在细节处少有区别，应属于不同印章印制。

帝师在元朝发挥的作用是比较复杂的，虽然从名义上来讲是皇帝宗教上的老师，但其实又具备行政官员职责，是一种特殊的官员，这从统领宣政院便可见一斑。元代帝王如此礼遇帝师不仅是出于佛教信仰，也是为了进一步达到管理西藏、统摄四方的目的，是具有多重需要的。

参考文献

[1] 韩儒林:《元朝中央政府是怎样管理西藏地方的》,《历史研究》1959年第7期。

[2] 程竹敏:《西藏文管会收藏的元代印章》,《文物》1985年第9期。

[3] 陈庆英:《元代宣政院对藏族地区的管理》,《青海社会科学》1990年第4期。

[4] 陈庆英:《元代帝师制度及其历任帝师(上)》,《青海民族学院学报》(社会科学版)1991年第1期。

[5] 陈庆英:《元代帝师制度及其历任帝师(下)》,《青海民族学院学报》(社会科学版)1991年第2期。

[6] 张云:《关于元代宣政院的几个问题》,《中国藏学》1995年第2期。

[7] 张云:《元代宣政院历任院使考略》,《西北民族研究》1995年第2期。

[8] 照那斯图:《蒙元时期宫廷文书的印章文字》,《民族语文》1997年第3期。

六十八
大元肃州路也可达鲁花赤世袭之碑

民国学者张维曾作《陇右金石录》，书中提到“酒泉东门有方石柱……刻有蒙古文多行”，1943 年西北科学考察团成员向达也在酒泉的东门门洞内发现了这一石柱。1962 年，酒泉市区扩建，此石从门洞中拆出，自此得见全貌。1976 年，白滨和史金波两位学者在酒泉市文化馆发现了这一石柱，报道了具体情况，确认其为大元肃州路也可达鲁花赤世袭之碑，简称肃州碑，且判定其上刻写的是汉文和回鹘文。其时，此碑被一分为二，呈两长方体石柱状，无碑额留存，碑身高 2.36 米，宽 0.91 米，碑阳刻有 24 行汉文，每行字数不等；碑阴刻有 32 行回鹘文。此碑由于被破解为石柱，所以文字有缺损。碑阴因长期暴露在外，回鹘文内容已经难以辨认，所幸碑阳的汉文内容可辨认的较多。

碑名中的“肃州”，即元世祖至元七年（公元 1270 年）设置肃州路（治所为今酒泉）总管府，“也可达鲁花赤”则是蒙古语的译音，“也可”是“大”的意思，“达鲁花赤”则是“长官”“镇守官”的意思。石碑上虽残余立碑时间，却已经漫漶不清，不过学者们还是凭借扎实的文史知识，推出立碑时间当为元顺帝至正二十一年（公元 1361 年），此时已经是元朝末年。

立碑者名善居，在元顺帝时曾任多个官职，颇有政绩，后解职归家也谨遵孝道，设立这通石碑便是为了追念其先祖的功劳，但其中重点记载的是其父和善居本人的事迹。

这通石碑虽是为了歌颂功德而立，却颇具史料价值，其内容涉及了成吉思汗讨伐西夏攻占肃州的事迹，还记载了元朝时期党项人在河西的活动情况。党项作为西夏民族之一，已经不复存在，但其消亡过程颇值得讨论。碑中就提到西夏灭亡以后，河西、陇右一带的党项人有一小部分前往内地为官，还有一部分被征入军队，散布各地戍守，大部分还居于西夏故地。这是我们了解元代党项人生活情况的重要史料。元政府为了更好地统治各族，仍用当地党项人治理本族。但是在漫长的历史过程中，各地的党项人与其他民族如汉族、蒙古族的交流也日益紧密，最终融合。而碑文中采用的回鹘文也是各民族交往交流交融的见证。历史上曾有回鹘的一支迁往河西走廊，党项和回鹘都曾被吐蕃役属，也都与后唐市马，西夏建立后，治下也有许多回鹘人，因此回鹘文和西夏文均得通用，两个民族间的交流也非常紧密。

这通石碑虽然立于元末，但是未见有明清人著录，学者结合酒泉地方志等各类史料推测，其在明代洪武年间就被砌筑在东门门洞内，石碑暴露在外的一侧刻写的又是回鹘文，不容易被辨认，所以长久地未被发现。机缘巧合之下，这段民族交往的史料才得以重见天日。

参考文献

[1] 白滨、史金波：《〈大元肃州路也可达鲁花赤世袭之碑〉考释——论元代党项人在河西的活动》，《民族研究》1979 年第 1 期。

[2] 胡小鹏：《元朝统治下的西夏故地》，《西北师大学报》（社会科学版）2000 年第 6 期。

六十九

回鹘蒙汉文合璧《孝经》

《孝经》为刻本，竹纸，版框高24.8厘米，宽14.9厘米，每叶7行，行20字及19字不等，四周双边，版心黑口，双花鱼尾，卷首缺，无序跋。行款按蒙古文习惯从左至右，每句汉文之后用蒙古文对译。由于此刻本的年代信息缺漏，学者们根据刻本的时代特点推测，此书的年代应为元代。

回鹘知识分子在元代时颇受尊崇，回鹘人塔塔统阿是最早教授蒙古贵族用回鹘字母书写蒙古语的人。蒙古语与回鹘语从语言学的角度来看关系紧密，因此很适合使用回鹘字母。蒙古帝国建立后，多用回鹘式蒙古文书写法令、户籍、公文等。回鹘式蒙古文自 13 世纪初至 17 世纪初一直与回鹘文类似，但从 17 世纪以后在不同地区出现了不同的发展方向，逐渐形成了区别于古代蒙古文的近代蒙古文。

目前以原件形式保留下来的回鹘式蒙古文文献仅数十件，元代曾用此种文字撰写和翻译了大量著作，不过现存元代木版图书仅有汉蒙合璧的《孝经》和蒙古文《入菩提行论疏》残卷，前者现藏于故宫博物院，入选“第一批国家珍贵古籍名录”。

《孝经》的成书年代和具体作者，自汉代以来便众说纷纭，但这并不影响其自西汉武帝、昭帝开始便受到统治者的推崇，其流传的阶层和地域都非常广泛，自汉代以来今文《孝经》18 章、古文《孝经》22 章，流传有序，内容虽经历代传抄，但是没有太大的变化。西汉末年谶纬思想流行，其内容包罗万象，主张天人感应，也因此出现了许多与《孝经》相关的纬书，将孝与天结合，更加提倡孝应该是必须遵守的行为准则。《孝经》自西汉以来便是上至帝王下至百姓的重要学习内容，在魏晋南北朝时期也颇受重视，在由拓跋鲜卑建立的北魏时期，《孝经》也是皇帝和太子的必读书目。历代写作的《孝经》研究书籍也颇多，比如宋代著名学者司马光写作的《孝经指解》，南宋朱熹撰《孝经刊误》。现存《孝经》刻本、抄本较多，亦有清雍正五年（公元 1727 年）内府刻满文《孝经》。元、清皆是由少数民族建立的王朝，但都学习和接纳了传统儒家思想。《元史》记载："(大德十一年八月)辛亥，中书右丞孛罗铁木儿以国字(蒙古字)译《孝经》进，诏曰:此乃孔子之微言，自王公达于庶民，皆当由是而行。其命中书省刻版模印，诸王而下皆赐之。"可见元代统治者对此书的重视。

元代刻书、出版事业发达，这部回鹘蒙汉文合璧《孝经》不仅反映了当时的出版业情况，其刻印语言也为我们了解蒙古语言史提供了珍贵材料，更是古代蒙古族与回鹘、汉等兄弟民族思想文化交流的实证。

参考文献

[1] 中国民族古文字研究会编:《中国民族古文字图录》,北京:中国社会科学出版社，1990年。

[2] 翁连溪:《故宫藏 <蒙汉合璧孝经> 版本谈》,《紫禁城》2000年第3期。

[3] 罗鹭:《元代的文化政策与图书出版》,《出版发行研究》2020年第9期。

七十
居庸关云台

居庸关云台位于北京市昌平区的居庸关关城内，其本为一座过街塔的塔基遗址。这座过街塔始建于元顺帝时期，原先塔基之上有三座藏式佛塔，后被毁，在明代被改建为佛寺，至清康熙年间又被焚毁，此后塔基上便再无建筑。居庸关云台在1961年被列为首批全国重点文物保护单位。

“过街塔”一词最早集中出现在元代的汉文文献，这类佛塔在内地也并非仅居庸关处 1 座，在镇江、昆明等地也有建造。这是一种可供人群在塔下穿行的特殊佛塔，经元代统治者自西藏传入内地，又与中原文化结合，形成新的面貌。汉地民众将其称作“过街塔”，实为佛塔样式的写照，而区别于西藏民众对此类佛塔的称呼。

居庸关云台位于元大都至上都的道路之上，规模较大，建筑宏伟，为时人瞩目，著名考古学家宿白发现元人熊梦祥曾辑录此塔的四则事迹，其中还包括《居庸关过街塔铭》，这为后人了解居庸关过街塔的修建提供了重要信息。

元顺帝命当时的大丞相和左丞相建造此塔。现存云台南北两侧的正中开有连通的半八角形券门，券门内侧的顶部雕刻五曼陀罗，券顶的斜面上刻有十方佛，券门的内侧两个立壁刻有四大天王，东西两侧各有两尊。两侧天王之间刻有文字，分别为由汉文、梵文、藏文、八思巴文、回鹘文、西夏文写作的陀罗尼经和造塔记，除了梵文之外，其他五种文字在当时都是通行文字。

与居庸关云台上雕刻的六体经文相类似的合璧文字文献，在中国有很悠久的历史。这些文献中包含了种类众多的文字，包括汉字和各少数民族文字，遍布碑刻、印章、钱币等。此类文献的种类也随着时间的推移越来越多，尤其是在元明之后，这与民族间交往越来越密切的历史大势息息相关。文字作为人类文明的重要载体之一，多民族语言合璧文献恰是各民族“你中有我、我中有你”的真实写照。直到今日，人民币上也印有多种民族文字。

元朝疆域面积广大，领土内民族众多，蒙古族统治者入主中原后，为了更好地统治各族，势必要顺应客观情势。除了六体经文，居庸关云台的佛教石刻内容也体现出多民族国家的文化面貌。著名学者谢继胜指出：石刻沿袭了宋辽西夏的佛教图像传统，也吸收了东印度波罗艺术母题与藏传佛教萨迦派的造像仪轨，与六体经文一起反映了当时各民族的共同宗教信仰。元顺帝并不是简单引入一种藏传佛教佛塔形式，更是为了民族大同，居庸关过街塔不仅庇佑来往商旅行人，更是一期盼各民族友好团结的纪念碑。

参考文献

[1] 宿白：《居庸关过街塔考稿》，《文物》1964 年第 4 期。

[2] 谢继胜：《居庸关过街塔造像义蕴考——11 至 14 世纪中国佛教艺术图像配置的重构》，《故宫博物院院刊》2014 年第 5 期。

[3] 王传播：《藏式过街塔名称意蕴探析》，《中央民族大学学报》（哲学社会科学版）2020 年第 4 期。

[4] 史金波：《民族交往交流交融的典型例证——中国古代合璧文字文献刍论》，《中央民族大学学报》（哲学社会科学版）2022 年第 3 期。

七十一
莫高窟六体文字石刻

石刻现存敦煌研究院，刻石已残缺，但正面文字基本完好。残石高 79 厘米，宽 57 厘米。石刻正面上部横书汉字正楷“莫高窟”三字，中央阴刻四臂观音坐像。观音双手合十，左手执花，右手捻佛珠，头冠上有结跏趺坐佛像一身。观音像以莲台承座，其上方及左右方刻梵、藏、八思巴、蒙古、西夏、汉六种文字。其音皆为“唵嘛呢叭咪吽”，即佛教所谓六字真言。六字真言之外，左为速来蛮西宁王、脱花赤大王、太子养阿沙等功德主题名；右题：“维大元至正八年岁次戊子五月十五日守朗立”，另有诸人题名。莲座下则是沙州路（今甘肃敦煌市）河渠司提领威罗沙、哈喇阳、公哥力加等人题名在外围之外，右题“卜鲁合真、陈氏妙因奄”，左题“奢蓝令栴刻”。题名刻铭均为汉字正楷。据刻铭，石刻由晋宁路绛州白台寺僧人守朗立，奢蓝令栴勒铭，石刻立于元顺帝至正八年（公元 1348 年）。题名中多为蒙古人、汉人、西夏人，更有来自中亚的色目人，可能还有藏族人和回鹘人等。可见，该碑之立是蒙古、汉等多民族人士共同参与的。

石刻顶刻“莫高窟”三字，从右向左横排（读者面向石刻，右前方为右），与汉文匾额格式同。六字真言六种文字之顺序以观音像为中心，先上后下，先右后左（元朝尚右），先内后外。六种文字依次为：梵文、藏文、八思巴文、回鹘式蒙古文、西夏文、汉文。六字真言为佛教密语，源于印度，首入藏，再入蒙古，故先梵文，后藏文。其余四种文字，为元代并行，顺序为八思巴文、回鹘式蒙古文、西夏文、汉文，元朝朝廷以八思巴文为最重，回鹘式蒙古文次之，皆为国书，西夏地区早于中原地区为元朝控制，此刻铭六体文字合璧正可见当时元朝统治下之敦煌的民族融合情形与各语言使用之先后。

公元 13 世纪初，蒙古族建立起强大的蒙古汗国，先后攻灭西辽、西夏、金朝、南宋，建立元朝。元朝首先用回鹘文书写蒙古语言，为回鹘式蒙古文。中统元年（公元 1260 年）忽必烈命八思巴创制蒙古新字，用以译写一切文字，被称为“国字”，近代称为八思巴字。元代用蒙古文翻译了汉文典籍中很多儒学、史学著作及不少蒙书。此外，还翻译了当时的《列圣制诏》《大元通制》等。元代合璧文字文献很丰富，并拓展了多体文字合璧形式，反映了当时多民族文化的丰富多彩和密切交流。除了此石刻，北京居庸关过街塔云台门洞内壁上镌刻六种文字经文；甘肃永昌圣容寺附近的山石上凿刻了六体文字六字真言；杭州飞来峰龙泓洞外凿刻梵汉文字的六字真言；莫高窟北区第 464 窟前室南、北壁面，莫高窟北区 B126 窟前室，莫高窟北区某龛均墨书多体文字合璧的六字真言。大量多体文字合璧是具有中国特色的文化现象，生动地反映出中华民族多元一体的历史事实，是各民族深度交往交流交融的真实写照。

参考文献

[1] 阎文儒：《元代速来蛮刻石释文》，《敦煌研究》1982 年第 1 期。

[2] 李永宁：《敦煌莫高窟碑文录及有关问题（二）》，《敦煌研究》1982 年第 2 期。

[3] 敖特根：《〈莫高窟六字真言碣〉研究》，《敦煌研究》2005 年第 6 期。

[4] 杨富学：《河西多体文字六字真言私臆》，《中国藏学》2012 年第 3 期。

[5] 杜泽逊：《题〈莫高窟六字真言碣〉》，《中国典籍与文化》2022 第 2 期。

七十二
鎏金铜喇嘛塔

该塔通高 32.7 厘米，宽 19.3 厘米，为覆钵式，由葫芦形宝珠、圆形伞盖、13 层相轮、须弥座、塔身、塔座、塔基组成，为典型的藏传佛教样式。相轮两侧各有一净居天像，塔基为雕刻力士、鹿、龙、狮子等的石质须弥座，座正面下凹处放置有金棺银椁，其内有铜鎏金涅槃佛像，佛塔四周各放有 1 个瓷罐，罐内有灵骨、舍利等。这套鎏金铜塔 1956 年出土于南京牛首山弘觉寺塔地宫，现藏于南京博物院。

这套鎏金铜塔制作精美，覆钵以上连为一体，塔身四面有门，门内有一组 7 尊佛像，加上两相轮两侧的 2 尊净居天像，组成了一个立体的顶髻尊胜佛母九尊坛城。该铜塔应为善逝八塔中的尊胜塔，坛城正中是顶髻尊胜佛母，左右分别是观音菩萨、金刚手菩萨，周围是四身护法明王。塔基台面前部刻有“佛弟子御用监太监李福善奉施”,后部刻有“金陵牛首山弘觉禅寺永充供养”。“御用监”为明代宦官二十四衙门之一，御用监太监掌管造办御用之物，与皇帝联系密切。目前学界普遍认为“李福善”即李童，他信奉藏传佛教，在正统四年（公元 1439 年）创建北京法海寺时，就有藏传佛教僧人参与。

弘觉寺是牛首山著名的寺院，弘觉寺塔位于寺院藏经殿之后，七级八面，建于明代正统年间。弘觉寺塔地宫位于塔基之下，上圆下方，深 1.06 米，顶部盖有圆盖，直径 47 厘米，底部边长为 83.5 厘米。2012 年,弘觉寺塔地宫顶盖被重新发现,顶盖为圆形，与地宫出土鎏金铜塔底座一样均为红砂石，顶面为素面，底面打磨光滑，分内外两圈，内圈雕刻有八朵莲瓣，莲瓣内各雕有 1 件法器，合为“八吉祥”图案，但大多模糊不清，仅有盘长、宝瓶可以辨认。

弘觉寺塔地宫出土有鎏金铜塔、青釉盖罐、玉贯耳瓶、石雕佛像、锡盒、银叉等。青釉盖罐内放有佛牙、檀香木、牛角等，锡盒内残留有白色香料。其中石雕佛像高 5.1 厘米，通体黑色，雕刻细腻，圆阔脸，浓眉怒目，口部涂红，全身裸露，束发披肩，发式、手饰均做成蛇形，左手抱一大鼠鼬，右手托一颅碗，立于莲座上，脚踩一俯卧的男子，鼠鼬张口吐出珠宝，垂落于莲座上，从造像特征来看，应是藏传佛教的黑财神像。

弘觉寺塔地宫出土的这批文物，大多保存完好，是明代宫廷御用监所造，其中铜鎏金涅槃佛像具有永宣造像风格。明代藏传佛教在中原地区广泛传播，南京是明朝初年的都城，明成祖迁都北京后，南京仍作为留都，因此南京地区藏传佛教也较为兴盛。明朝皇室很多人信奉藏传佛教，宫廷内有佛堂，每年会举办法会，并有专门制作佛教法器的机构，这套鎏金铜塔是明代宫廷深受藏传佛教影响的产物，也是汉藏文化交流的重要见证。

参考文献

[1] 蔡述传:《南京牛首山弘觉寺塔内发现文物》,《文物参考资料》1956 年第 11 期。

[2] 葛晓康 :《南京牛首山弘觉寺塔地宫初探》,《东南文化》1996 年第 2 期。

[3] 李蔚然 :《南京牛首山弘觉寺塔及其地宫出土文物综述》,《东南文化》2002 年第 9 期。

[4] 廖旸 :《南京弘觉寺塔地宫出土金铜尊胜塔像新考》,《故宫博物院院刊》2011 年第 6 期。

[5] 刘文庆、符永利 :《南京牛首山弘觉寺塔地宫石盖及相关问题》,《东南文化》2014 年第 6 期。

[6] 杜爱华 :《立体坛城　稀世奇珍——院藏弘觉寺地宫佛塔》,《文物天地》2016 年第 4 期。

七十三
彝文《劝善经》

彝文《劝善经》为明朝末年云南武定彝族凤氏土司所刻，20世纪40年代发现于当地土司官署。古代彝族文献大多为手抄本，雕版印数较少，这些刻本《劝善经》有不同的版本，目前在国家图书馆、云南省社会科学院图书馆、清华大学图书馆、中央民族大学图书馆、楚雄自治州博物馆等都有收藏，是较早的彝文刻本之一，对研究古代彝族的宗教信仰、宗族社会、日常生活、伦理禁忌等具有重要意义。

土司又称土官，是元明清时期在西北和西南少数民族地区设立，由少数民族首领担任并世代承袭的官职，有文职和武职两种。土司由朝廷颁赐符印，对朝廷承担贡赋和征发，在辖区内保持传统的统治。由于土司的职位是世袭的，不同土司之间往往因为争夺地盘而发生战争，因此明代在平定土司叛乱后，开始推行“改土归流”政策，即废除土司，改用可以调迁的“流官”管理。清代雍正年间，进行了更大范围的“改土归流”，加强了中央对边疆地区的管理。

彝族是我国古老的民族之一，创造了丰富多彩的民族文化，有诺苏、纳苏、聂苏、密撒泼、腊苏泼、濮拉泼、尼濮等不同自称，主要分布在云南、四川、贵州以及广西西北部，具有大分散、小聚居的分布特征。由于彝族居住分散，各区域社会发展差异较大，很多地方存在土司制度。武定位于云南通往成都的交通要道，武定凤氏土司因此成为云南土司中一个较为显赫的家族，前后存在700 余年，对当地的政治、文化和社会生活产生了重要影响。

彝语属于汉藏语系的藏缅语族彝语支，彝文是一种表意方块文字，历史悠久，关于其起源时间有不同说法，明代以后彝文逐渐兴盛，史书中有“爨文”“韪书”“罗罗文”“倮文”等称呼。彝文一般写于岩石、纸张、瓦、木牍、竹简、骨头等上，以纸书为主。彝文每个字形代表一种意义，没有偏旁和部首，书写方式为从左向右直书或横书，很多没有标点，同一字形也有几种不同的书写方式。目前彝族聚居区保留有很多彝文抄写的文献，大多为毕摩（即巫师）世代抄写流传下来，包括经文、历法、诗歌、神话、伦理等内容，涉及彝族古代社会生活的方方面面。

彝文《劝善经》全文 2 万余字，是用彝文翻译汉文《太上感应篇》。《太上感应篇》是道教经典，内容主要是规劝世人遵守道德规范，时刻修习善行，防止作恶，宣传“善有善报、恶有恶报”的因果思想。彝文翻译《太上感应篇》时，对其章句依次进行解说，但每一章节之后，又结合彝族的实际情况加以发挥，从而达到宣教说理的效果。这些彝文《劝善经》的发现，反映了中原道教文化对彝族地区的影响，是彝族文化与中原文化交往交流交融的重要见证。

参考资料

[1] 马学良 :《彝文 < 劝善经 > 译注序》,《民族语文》1984 年第 3 期。

[2] 薛钦文 :《从彝文 < 劝善经 > 看彝族传统禁忌文化》,《兰台世界》2013 年第 33 期。

[3] 杨怀珍 :《明刻本 < 劝善经 > 多种版本的异同比较》，载朱崇先主编 :《古典文献学理论探索与古籍整理方法研究》，北京 : 民族出版社，2013 年。

七十四
瞿昙寺

瞿昙寺位于青海省海东市乐都区城南的马圈沟口，面朝瞿昙河，背靠罗汉山，是一座藏传佛教格鲁派寺院。寺院依山而建，坐北朝南，坐落在近正方形的城堡内，周围有黄土夯筑的城墙，城堡分内外两城，内城为寺院和僧侣房舍，占据城堡面积的三分之二，并有单独的围墙，外城为居民住宅和街巷。瞿昙寺自明代洪武年间创建以来，只在历代补修中有局部修缮，建筑结构变更很少，是西北地区保存最完整、规模宏大的明代寺院，1982 年被列为全国重点文物保护单位。

明代洪武二十六年（公元 1393 年），明太祖朱元璋应西宁卫僧人三罗喇嘛的请求，为其修建的佛堂赐名“瞿昙寺”，御制红底横匾，上书“瞿昙寺”三个金色大字，至今仍悬挂在瞿昙寺殿内檐门额上方。在明代，明太祖、明成祖、明仁宗、明宣宗先后下有 7 道诏书，并派太监率领工匠，历时 36 年修建完成瞿昙寺。寺院总体布局分外院、前院和后院三部分。外院平面规整，周围有寺院围墙，山门建于中轴线前方，院内东西两侧各建有碑亭一座。前院为金刚殿、瞿昙寺殿（前殿）、宝光殿（中殿），左右有回廊，佛殿左右配置有佛塔。后院地势较高，正中为隆国殿（大殿），是寺院中最富丽堂皇的殿宇，左右有钟楼、鼓楼，周围有回廊围绕，是全寺的主要组成部分。整座寺院的布局为典型的中原地区佛寺“伽蓝七堂”制度，布局规整，典雅壮观。

瞿昙寺壁画主要分布在瞿昙寺殿、宝光殿、隆国殿，以及回廊壁面上，面积巨大，大部分为明代绘画。瞿昙寺壁画体现了汉藏佛教文化交融的特征，其题材不仅有藏传佛教的各种佛、菩萨、护法神像等，也有明代汉传佛教常见的绘画题材，如瞿昙寺殿的五部佛造型与西藏古格壁画类似，而善财童子五十三修图明显有中原文化因素。

瞿昙寺所在的河湟地区，自古便是多民族杂居的地区。历史上瞿昙寺每年有几次较大的宗教活动，很多信众在这些日子到寺院进香还愿，逐渐形成集会，街坊铺面最初仅售卖宗教用品，后来逐渐扩展到各类生活用品，陕西、山西的一些商人也在此开商铺。每年六月十五日是瞿昙寺地区的盛大集会，成千上万的人从各地赶来参加，同时有唱戏、杂技、赛马、射箭、歌舞等活动，促进了中原文化与西北少数民族文化的相互交融。

瞿昙寺是明朝在甘肃、青海交界的河湟地区建立的一所藏传佛教寺院，但其建筑风格为典型的明代官式建筑，体现了汉式建筑风格和藏传佛教文化的完美结合，是汉藏劳动人民智慧的结晶。同时，瞿昙寺位于西域、西藏与中原地区往来的交通要道上，其建设发展对西北地区的安定，加强与涉藏地区的联系，维护边疆稳定起到了重要作用。

参考文献

[1] 张驭寰、杜仙洲 :《青海乐都瞿昙寺调查报告》,《文物》1964 年第 5 期。

[2] 谢佐 :《瞿昙寺》，西宁 : 青海人民出版社，1998 年。

[3] 李福善:《瞿昙寺及其文物的历史文化价值初探》,《丝绸之路》2020 年第 3 期。

[4] 祁劲松 :《青海瞿昙寺 : 精美壁画呈现汉藏佛教文化融合》,《中国宗教》2022 年第 4 期。

七十五
丽江白沙大宝积宫壁画

丽江位于云南西北部，是纳西族的聚居区，具有悠久的历史和文化传统。丽江有很多明清时期的壁画，主要绘制于明代，少量为清初绘制，历时300余年。这些壁画原分布在琉璃殿、大宝积宫、大定阁、大觉宫、真武祠、护法堂、福国寺等佛寺和道观中，但大部分已被破坏，现仅存琉璃殿、大宝积宫、大定阁、大觉宫的壁画。由于现存壁画都集中在白沙镇，所以被统称为“丽江白沙壁画”，其中以大宝积宫明代壁画保存得最为完整。

大宝积宫位于云南丽江白沙镇白沙村东部，为木氏土司所建，重檐歇山顶，面阔两间。宫内现存壁画 12 幅，其中以西壁及南、北二壁正中的壁画为代表，既有明代万历十年（公元 1582 年）的汉文题记，又有藏历水羊年（公元 1583 年）的藏文题记。西壁是丽江白沙壁画中最大的一幅，题材取自唐代菩提流支所翻译的《大宝积经无量寿如来会》，表现主尊无量寿如来（即阿弥陀佛）聚集菩萨、罗汉、帝释、诸天、护法神等圣众说法的场景，所画人物共计 100 余尊，色彩丰富，气势磅礴。画面正中为无量寿如来，上部有 18 位尊者，两侧有道教神像，下部有藏传佛教的三位护法神，外侧是四大天王。这幅壁画同时绘制有汉传佛教、藏传佛教和道教的诸神像，体现了多种宗教在丽江并存融合。

木氏土司是明清时期云南三大土司之一，历经元、明、清三代，传袭 22 代，共计 470 余年。元代曾封纳西族首领阿良为茶罕章管民官，管辖丽江地区。明代洪武十五年（公元 1382 年），明太祖朱元璋派军平定云南，阿良的五世孙阿甲阿得率部归附明朝，朱元璋赐其汉姓“木”，封为世袭的土知府，统治丽江及周边部分地区。木氏土司世代承袭，在明代积极听从朝廷派遣，多次向朝廷捐助银两和战马，并以知诗书、守礼义而闻名于当时。清朝初年，沿袭明朝制度封木氏为世袭土司，但其实力已不如从前，雍正年间实行“改土归流”政策以后，木氏土司的统治权逐渐被解除。

丽江邻近四川、西藏，自古以来便是多民族文化的交汇区。丽江白沙壁画内容丰富，包括藏传佛教、汉传佛教、中原道教等题材，反映了佛教显密双修、佛道融合的多元文化特征。在艺术表现手法上，既有中原唐代佛教、道教的画风，又有藏传佛教、纳西族东巴画的画风，呈现出准确细腻、线条流畅、变化多端、对比强烈、厚重庄严的效果。据《丽江府志略》记载，丽江土司木增曾聘请浙江宁波著名的画家马肖仙到丽江绘制壁画，同时藏族画家、大理白族画家、中原道士等也参与了丽江壁画的绘制，这些壁画体现的多种宗教文化和艺术风格，是多民族文化交流融合的重要见证。

参考文献

[1] 丽江纳西族自治县文化局、丽江纳西族东巴文化博物馆编：《丽江白沙壁画》，成都：四川人民出版社，1999 年。

[2] 刘靖戎：《论白沙壁画艺术价值》，西北民族大学硕士学位论文，2007 年。

[3] 李冉、王晓赟：《世俗位置与宗教位置：丽江白沙壁画画面构成研究》，《大众文艺》2016 年第 3 期。

七十六
《永乐皇帝谕米里哈只敕谕》

该绢本敕谕高72厘米，宽100.5厘米，内容用汉文、波斯文和回鹘体蒙古文三种语言文字书写，盖有“永乐之宝”的朱文印玺，其中汉文共九列，从右往左书写，每列字数不一。永乐皇帝朱棣是明朝第三位皇帝，敕谕即皇帝的诏令，明代永乐五年（公元1407年）五月十一日，朱棣颁发了一道旨在保护伊斯兰教徒“米里哈只”的敕谕，这体现了明王朝对伊斯兰教和外来移民的保护。此后，这道敕谕在各地的清真寺和穆斯林群体中流传较为广泛，目前发现的有三种文字绢本、汉文石碑、汉文木匾等形式。

这件绢本敕谕 1956 年发现于江苏省扬州市普哈丁墓园世袭伊玛目蓝晓阳处，据说是其祖上遗留下来的。普哈丁为先知穆罕默德的第十六世孙，南宋咸淳年间（公元 1265—1274 年）到扬州讲学，弘扬伊斯兰教传统美德，扶弱济贫，受到当地百姓的尊敬和官方的礼遇，在当地穆斯林中享有崇高声誉，德祐元年（公元 1275 年）归真后葬于扬州市区高岗上，即今普哈丁墓园。该墓园由清真寺、墓园、园林三部分组成，体现了阿拉伯式建筑与中国古典式建筑的有机结合。

伊斯兰教是世界三大宗教之一，由穆罕默德于 7 世纪初在阿拉伯半岛创立，随后经过“四大哈里发”和“两大王朝”时期，伊斯兰教逐渐向阿拉伯半岛以外的地区传播，形成地跨亚、非、欧三大洲的世界性宗教，其信徒被称为穆斯林。中国古代对伊斯兰教有“回教”“清真教”“天方教”等不同称呼，一般认为唐代永徽二年（公元 651 年）大食向唐朝遣使朝贡，伊斯兰教开始传入中国，其后通过商贸往来日益传播。宋代时来华穆斯林不断增多，其子孙定居中国，与当地居民通婚，形成中国回族的先民，同时 10 世纪伊斯兰教也开始传入新疆地区，并逐渐成为当地人的主要信仰。元代以来，伊斯兰教在中国普遍传播；明朝初期，伊斯兰教在内地和边疆地区持续发展，由于海上丝绸之路和陆上丝绸之路的畅通，明代沿海一带和西北地区聚集有大量的穆斯林。

这一绢本敕谕反映了明朝初年对待回族及伊斯兰教的政策，一般认为元朝是回族形成的准备时期，明代是回族形成的最终时期。朱元璋建立明朝时，身边的大臣中有不少是回族，明朝定都南京后，朱元璋下令在三山街建造清真寺。元朝时，皇帝、诸王、后妃都可以向寺庙道观颁布护持文书，现存的很多元代白话碑就是其体现。明朝也有很多流传下来的护持敕谕，但大部分与佛教有关，因此，这一与伊斯兰教有关的敕谕就显得很重要。

这幅敕谕中的“米里哈只”，可能为当时大清真寺伊玛目的统称，也可能是对当时地位很高的某位伊斯兰信徒的尊称。从现存的明代敕谕文书和石碑来看，其书写语言是有一定考量的，敕谕所用语言与受谕者的生活区域关系密切。该敕谕文字用汉语、波斯语和蒙古语三种语言，汉文是明朝的通用文字，波斯文是明朝境内穆斯林使用的文字，蒙古文是蒙古人使用的文字，这些都是当时民族分布情况的反映，也是多民族融合的缩影。

参考文献

[1] 马全仁：《普哈丁墓园记》，《阿拉伯世界》1985 年第 4 期。

[2] 傅桂明、金基强：《中阿文化交流的历史见证：普哈丁墓园》，《中国宗教》2006 年第 5 期。

[3] 陈彬彬：《永乐五年“谕米里哈只”三体敕谕释读及其历史文化意蕴探微》，《世界宗教研究》2022 年第 7 期。

七十七

五世达赖喇嘛觐见清世祖图

顺治九年（公元1652年），五世达赖到达北京觐见顺治皇帝，布达拉宫有一幅壁画描绘的就是当时的情景。次年，顺治皇帝册封五世达赖喇嘛为“西天大善自在佛所领天下释教普通瓦赤喇怛喇达赖喇嘛”，并赐五世达赖喇嘛金册、金印。从此正式确定了达赖喇嘛的封号，开启了清政府对西藏地区有效管理的新阶段。

达赖喇嘛是藏传佛教格鲁派重要的宗教领袖，达赖一世名根敦朱巴，也是格鲁派创始人宗喀巴大师的弟子。“达赖”在蒙古语中的意思为“海”,“喇嘛”在藏语中的意思为“上师”。“达赖喇嘛”最早是明代时期蒙古可汗俺答汗授予三世达赖索南嘉措的尊号。

达赖与班禅虽然是两个并立的活佛转世系统，但又互为传戒的师徒，以双方中年长者为师，只有两者都年幼时才例外。四世达赖便是由四世班禅大师罗桑却吉坚赞剃度授沙弥戒，四世达赖去世突然，四世班禅又为认定四世达赖的转世灵童费心颇多。最终被确立的五世达赖阿旺罗桑嘉措也由四世班禅剃度授沙弥戒。和硕特汗国的建立者固始汗也是与四世班禅和五世达赖两位宗教领袖一同会面，在商议后决定向清朝表示归顺的。

清政府一直很重视班禅和达赖这两位藏传佛教领袖，皇太极曾妥帖招待了固始汗派来的使团，在当时便有延请大师进京的想法，使团返回时又专门向班禅大师和达赖喇嘛去信。皇太极死后，顺治继位而后入主中原不久，就召五世达赖喇嘛入京，延续了前代帝王对藏传佛教的礼遇。顺治帝派官员进藏迎请达赖喇嘛，但因清军入关不久，政治权力中枢派系斗争颇多，各地还有多股反对势力，这都拖延了达赖进京之事。顺治三次派专使入藏，最终于 1652 年，五世达赖喇嘛携 3000 余人到京，在北京居住了两个月，住在顺治帝特意命人修建的黄寺。五世达赖在返藏途中，于代噶接受清政府颁赐的金册、金印，清政府册封五世达赖喇嘛为“西天大善自在佛所领天下释教普通瓦赤喇怛喇达赖喇嘛”。这一复杂尊号的确定并非草率为之，而寄托了清政府的诸多政治诉求，其中既沿袭了明代对大宝法王的部分封号，又借鉴了蒙古俺答汗对三世达赖喇嘛的尊号，这反映出清政府希望以达赖喇嘛对蒙古的宗教影响力，间接增强对蒙古的笼络和控制。达赖喇嘛的封号与重要地位从此被正式确立，此后历代均须受中央政府册封。

壁画绘于西藏拉萨布达拉宫的西有寂圆满大殿，同铺壁画还有《顺治帝迎接五世达赖喇嘛图》《供赏图》，布达拉宫十三世达赖喇嘛金光灵塔殿中还有表现十三世达赖进京的壁画。这些历史题材壁画是布达拉宫壁画中重要的组成部分，记录了西藏历史上的诸多历史事件，不仅包括历代达赖喇嘛，还有历代吐蕃赞普事迹等。《五世达赖喇嘛觐见清世祖图》绘于大殿东壁左下方，采用方形构图，事件中心人物：顺治帝和五世达赖被绘在最为醒目的位置，这幅壁画以《五世达赖喇嘛传》为创作蓝本，又依托了北京宫城图加以发挥创造，形象地体现了古代藏族同胞对这一历史事件的理解。

参考文献

[1] 陈庆英：《历代班禅大师事略》，《思想战线》1989 年第 4 期。

[2] 陈金钟：《中央政府颁授历世达赖、班禅之金册金印》，《中国藏学》1996 年 1 期。

[3] 孙琳：《布达拉宫的壁画艺术》，《美术观察》2014 年第 8 期。

[4] 才让：《四世班禅生平及与四世达赖、五世达赖之关系》，《故宫博物院院刊》2021 年第 2 期。

七十八

敕封班臣（禅）额尔德尼之印

康熙五十二年（公元1713年）清朝中央政府册封第五世班禅罗桑益西为“班臣（禅）额尔德尼”，金印正是当时所授之印。金印高8.7 厘米，边长10.8 厘米，印上有汉、满、藏三种文字，其中汉文为篆书。这是清朝中央政府对班禅系统的首次正式册封，“班禅”的名号从此得到中央政府的正式确立。

佛教传入西藏后逐渐形成了多个派别，其中格鲁派由宗喀巴大师于 14 世纪左右创立。自 16 世纪中叶起，格鲁派开始实行转世制度，其中最大的两位转世活佛便是班禅大师与达赖喇嘛，他们不仅是地位崇高的宗教领袖，也曾享有很高的政治地位。“班”为梵文“班智达”的略称，含义为“博学之士”，而“禅”在藏文中是“大”,组合起来“班禅”的意思就是“大学者”。印文中的“班臣”是汉文对“班禅”的另一种音译。

这两位活佛的转世世系非常复杂，班禅大师在藏传佛教中被视为无量光佛的化身，但从有明确记载的世系来看，人们普遍将宗喀巴的弟子克珠杰视为第一世班禅大师。但是前三世班禅是追认的，第四世班禅法名罗桑却吉坚赞，出生于公元 1570 年，他在五岁时被认作第三世班禅罗桑顿珠的转世，十几岁时便显露出出色的佛学造诣。公元 16 世纪晚期，格鲁派受到了许多反对势力的打压和限制，罗桑却吉坚赞坚忍不拔，毅然独自承担了格鲁派领袖的重任。此时西藏的政治势力也数度更迭，最终在明末由蒙古固始汗统一，建立格鲁派地方政府和硕特汗国。固始汗有感于罗桑却吉坚赞的宗教地位授予其“班禅博克多”的尊号,“博克多”源自蒙古语，是对睿智英武圣明之人的称呼。至此“班禅”成为这一活佛转世系统的专称。

固始汗在统一西藏之前便与四世班禅罗桑却吉坚赞和五世达赖商议，向新兴的清廷派遣使者表示归顺。藏传佛教作为被藏族、蒙古族等多个民族信仰的宗教，影响力不容小觑，这也为清政府所深谙。在仍都盛京即今沈阳时期，皇太极就非常重视班禅和达赖两位格鲁派领袖。公元 1662 年，四世班禅圆寂，康熙专派代表致祭。五世班禅法名罗桑益西，此时和硕特汗国的统治者为固始汗的曾孙拉藏汗，其在西藏的几次行动引起了康熙帝的警惕。为了稳定西藏政局平衡各方势力，公元 1713 年即康熙五十二年，康熙派钦差前往西藏，册封五世班禅为“班臣（禅）额尔德尼”，赐金册、金印，所赐金印上有汉、满、藏三种文字，印文为“敕封班臣额尔德尼之印”，“额尔德尼”为满语中“宝贝”的意思，这是清廷册封班禅一系活佛的开始，我们也能从班禅尊号的变化感受到我国多民族的历史特点。此后历代班禅都必须经过中央政府的册封。

西藏是我国领土不可分割的一部分，自“凉州会谈”起，中央政府一直对西藏地方进行管辖。班禅和达赖作为格鲁派的两大宗教领袖，其地位受到多个信仰藏传佛教民族的尊崇，是一股不可忽视的力量。清政府对这两个重要活佛体系的册封体现出其对西藏越发全面严谨的管理。这枚金印是祖国统一和民族团结的重要文物见证。

参考文献

[1] 陈庆英：《历代班禅大师事略》，《思想战线》1989 年第 4 期。

[2] 陈金钟:《中央政府颁授历世达赖、班禅之金册金印》,《中国藏学》1996 年 1 期。

[3] 次旦扎西、顿拉:《清朝中央政府的筹藏方略与西藏宗教事务管理基本经验》,《西藏研究》2016 年第 3 期。

[4] 才让：《四世班禅生平及与四世达赖、五世达赖之关系》，《故宫博物院院刊》2021 年第 2 期。

七十九

施琅《平台纪略碑记》石碑

该碑为长方形，平顶切角，顶部正中刻有龙头，两旁雕有双龙戏珠。碑立于清代康熙二十四年（公元1685年），现存于台南市大天后宫内，是台湾岛历史上最早的碑刻，碑文在清代《台湾府志》中有收录。16世纪，西班牙、荷兰等西方殖民势力先后入侵明代台湾地区，公元1661年，郑成功率军进攻台湾，次年驱逐荷兰殖民者，收复台湾，但四个月后郑成功病逝，其子郑经继续经营台湾。清代康熙二十二年（公元1683年），康熙皇帝派遣施琅率军平定台湾，将台湾置于中央政府管辖之下，《平台纪略碑记》即是施琅对平定台湾、治理台湾这一重要历史事件的记录。

《平台纪略碑记》全文如下：

台湾远在海表，昔皆土番、流民杂处，未有所属。及明季时，红彝始有筑城，与内地私相贸易，后郑成功攻占，袭踞四世。岁癸亥，余躬承天讨，澎湖一战，伪军全没，势逼请降。余仰体皇上好生之仁，以八月望日直进鹿耳门，赤嵌泊舰，整旅登岸受降，市不易肆，鸡犬不惊。乃下令曰："今者提师跨海，要在平定安集。纳款而后，台人即吾人；有犯民间一丝一枲者，法无赦！"士无乱行，民不知兵。乃礼遣王入京，散其难民尽归故里，各伪官兵载入内地安插。公事勾当，遂以子月班师。奏请于朝，为置郡一、县三，分水陆要地，设官兵以戍之，赋税题减其半。夫炎徼僻壤，职方不载。天威遐播，遂入版图。推恩陶俗，销兵气以光文治，端有望于官斯土者，是不可以无记。

康熙二十四年正月，太子少保内大臣、靖海将军、靖海侯世袭罔替、解赐御衣龙袍、褒锡诗章、兼管福建水师提督事务施琅立。

从碑文可知，清朝在平定台湾后，采取了一系列重大的措施，包括加强军队纪律，禁止扰民；主张轻徭薄赋，赋税减半；将投降的郑氏官兵安排到内地，水路交通要道派兵驻守；设立隶属于福建省的台湾府，下辖台湾、凤山、诸罗三县。这些措施促进了台湾社会的稳定，对当地经济的发展具有重要作用。此后，东南沿海地区民众不断渡海到台湾居住，台湾人口逐渐增多，公元 1874 年，清朝将台湾行政区划扩展为二府八县四厅；公元 1885 年，清政府又将台湾单独建省。

台南大天后宫气势恢宏，历史上经过多次重修建设，现存主轴线上有抚廊、拜殿、正殿、后殿四进院落，主祭祀神为妈祖，从祀神有宫娥女婢、剑印二童女、千里眼、顺风耳，同祀有五水仙尊王、四海龙王、三官大帝等。施琅平定台湾后，将台南明代宁靖王故宅改建为天妃宫，康熙二十三年（公元 1684 年），清朝派礼部官员到台湾进行祭祀，加封妈祖为“天后”，将庙名改为“大天后宫”。这一《平台纪略碑记》石碑是清代统一、管理台湾地区的重要历史见证，康熙三十二年（公元 1693 年），当地民众又在台南大天后宫内为施琅立碑，纪念施琅推进祖国统一、促进台湾发展的重大贡献。

参考文献

［1］罗哲文：《施琅纪功碑——统一台湾的一次重大历史见证》，《古建园林技术》1996 年第 1 期。

［2］李玉昆：《台湾大天后宫 < 平台纪略碑记 > 述论》，《清史研究》1997 年第 1 期。

［3］子木：《海峡两岸神缘文化的历史见证：台南大天后宫的历史与文物》，《上海道教》2004 年第 2 期。

［4］蒋维锬、郑丽航辑纂：《妈祖文献史料汇编（第一辑）：碑记卷》，北京：中国档案出版社，2007 年。

八十
漳浦畲族蓝氏涉台建筑

在福建省漳州市南部有一漳浦县，这里是畲族重要的聚居地之一，这里坐落着多处与畲族蓝氏有关的古代建筑，不仅见证着畲族与汉族的交流交往，更与宝岛台湾有着诸多联系。

畲族绝大多数生活在福建和浙江的广大山区，福建省有着超过全国总数一半的畲族人口，为全国畲族人数最多的省份。畲族历史悠久，关于其来源主要有两种说法：其一认为畲、瑶同源；其二认为畲族是古代“越人”的后裔。

蓝姓是畲族的一个大姓，居住在漳浦县的一支在清代涌现了多位与台湾的收复和治理有关的人物。清康熙年间，蓝理随施琅出征澎台，加左都督，累官至福建陆路提督，被誉“平台首功”，其墓葬位于漳浦县湖西畲族乡。康熙六十年（公元 1721 年）清军入台湾，讨伐朱一贵起义，其时蓝廷珍任南澳总兵参与平叛，后累官至福建水师提督，加左都督，世袭三等轻车都尉。族弟蓝鼎元也随军出征，曾任普宁县知县、广州知府。两人驻守台湾期间还带领百姓开垦农田，加快台湾的开发，两人向清廷提出了诸多治理台湾的建议，蓝鼎元墓也位于漳浦县湖西畲族乡。蓝廷珍之孙蓝元枚也曾官居一品，为治理台湾做出重要贡献。

在湖西畲族乡顶坛村新城自然村，坐落着蓝廷珍府第，始建于清康熙年间。这座府第坐西北向东南，为五进院落，总占地面积近 6000 平方米。第一进建筑为门厅，砖木结构，重脊硬山式屋顶，大门门柱上有一副楹联：“复鹿耳于崇朝韬略奚似管乐；定东都以七日戎机可比孙吴”，歌颂蓝廷珍平定和治理台湾的功绩。第二进建筑为正堂，面阔七间，正堂前有南、北廊，左右对称。第三进为后堂，面阔七间，也有南、北廊，结构与前堂类似。第四进为日接楼，共有两层，是夯土、花岗岩及木混合结构建筑。第五进建筑为后厢房。除此之外还有北护厝、南护厝及广场。蓝廷珍府第体现出闽南地区的建筑风格，除作为官员宅邸之外，还具有军事防御功能，其中的木雕、石雕体现出当时高超的建筑水平。

在湖西畲族乡石椅村还坐落着蓝氏种玉堂，这是闽南地区畲族蓝姓的总祠堂，始建于明嘉靖二年（公元 1523 年），初建时规模较小。后蓝理于康熙三十四年（公元 1695 年）捐资重建，并取名“种玉堂”，现占地面积 500 余平方米。这座历经数百年的祠堂也见证着蓝氏畲族前后共涌现近 30 名五品以上参与有关台湾事务的武官。直到今日，中国台湾也居住着颇多蓝氏后人。

这些古代建筑默默见证了畲族对中国传统建筑文化的吸收与发展，更纪念着蓝氏一族对台湾政治、经济、文化的深远影响，也是台湾自古以来便是祖国领土一部分的见证。

参考文献

[1] 王丰丰：《漳州祠堂建筑的保护探索和研究——以漳浦蓝氏种玉堂为例》，《文物世界》2019 年第 4 期。

[2] 林雪铭：《漳浦县“蓝廷珍府第”建筑及历史价值》，《福建文博》2021 年第 4 期。

八十一
《皇清职贡图》

乾隆十六年（公元 1751 年），乾隆帝下旨命令各地沿边督抚绘制图册送至军机处“以昭王会之盛”。至乾隆二十六年（公元 1761 年）《皇清职贡图》彩绘本正式告成，而后经历了乾隆时期的多次增补以及嘉庆十年（公元 1805 年）的再次增补,最终定型。为了达到“以昭王会之盛”的目的，在彩绘本完成后，又相继制作了写本和刻本，使其得以更广泛地传播。清乾隆时期，国力强盛，版图辽阔，北起蒙古、唐努乌梁海地区及西伯利亚，南至南海，东到外兴安岭、澎湖列岛，西抵葱岭、巴尔喀什湖一带，辽阔的疆域下形成了大一统的多民族国家。正在此时，清代大学士傅恒等人奉旨编纂图册《皇清职贡图》，每一民族各绘男女图像一幅，每段图像上方有满汉两种文字介绍图中民族的分布地域和生活习俗等情况。该图册描绘了清朝国力鼎盛时期疆域内及域外前来的朝贺、纳贡的海外诸国及其治下的各少数民族男女形象。

“职贡”见《周礼·夏官》，其云“施贡各职”。《淮南子·原道训》：“四夷纳职”，高诱注曰“职，贡也”。《皇清职贡图》，也就是向清王朝进贡的各族的全图，其绘录地区和对象的选择与编排是将海外国家及周边藩属国人物画像编为一册，国内边疆各少数民族则按行政区划编排成册。其中，《皇清职贡图》选择绘录的国内边疆少数民族地区是湖北、湖南、四川、福建（含台湾）、广东（含海南）、广西、云南、贵州、甘肃，以及新疆、西藏、黑龙江等十二个行政区。但清王朝政权的核心地区：直隶、江苏、浙江、安徽、江西、山西、山东、河南、陕西以及今辽宁、吉林、内蒙古等地区没有绘录入册。

这一编排体例所表达的正是清朝统治者以传统的中原地区为政治中心，万方来朝的中华帝国意识。从《皇清职贡图》选择绘录的国内少数民族对象看，清朝统治者要展现的是满、蒙古、汉三族统治集团以外的边疆各族形象。因此图卷中并没有绘制内地及东北、蒙古地区的汉人、满人、蒙古人。这也表明在清王朝的思想意识中，清朝是以汉满蒙为政治基础的多民族政权。同时，图说介绍清朝治下的边疆某一族人民时，主要介绍其历史源流、服饰习俗等，但对于一些较为边远地区的部落，也会先叙述其历史上与中央王朝的关系，然后多阐述清朝治下的情况，或者先叙述历史上与中央王朝的关系，再说清朝与这一族的关系。《皇清职贡图》绘有 30 余个与清朝有交往的国家和地区的人物图像，并撰有满汉两种图说，图说介绍各国的历史源流及其与清朝的关系时，更是以中国的一个王朝身份来阐述中外关系。

总之，《皇清职贡图》为清代乾隆皇帝亲自主持，军机处统筹规划和组织，沿边督抚奉旨办理汇呈，最后由宫廷画家编绘而成的大型民族图册。它以图文并茂的形式展现了清代国内外各族群的服饰样貌、生活方式、生产习俗、贡赋情形等内容，是传统中央王朝大一统思想观的生动体现。

参考文献

[1]（清）傅恒等编著：《皇清职贡图》，沈阳：辽沈书社，1991年。

[2] 张薇：《海内外关于〈皇清职贡图〉的整理与研究》，载苍铭主编：《民族史研究》（第十四辑），北京：中央民族大学出版社，2018年。

[3] 苍铭、刘星雨：《从〈皇清职贡图〉看“新清史”的“清朝非中国论”》，《中央民族大学学报》（哲学社会科学版）2019年第6期。

[4] 黄金东：《〈皇清职贡图〉刻本考述》，《文献》2020年第6期。

八十二

《钦定皇舆西域图志》

《钦定皇舆西域图志》，又名《西域图志》，是一部清代官修地方志书。由大学士刘统勋、傅恒、英廉、于敏中、翰林院编修何国宗等人编纂而成，定边将军兆惠、喀什噶尔参赞大臣舒赫德及曾为塔尔巴哈台参赞大臣的阿桂参与了志书的总裁和提调。编纂工作始于乾隆二十一年（公元 1756 年），成书于乾隆四十七年（公元 1782 年），全书 52 卷，约 60 万字。首 4 卷为天章（乾隆御笔），余 48 卷分别为图考、列表、晷度、疆域、山、水、官制、兵防、屯政、贡赋、钱法、学校、封爵、风俗、音乐、服物、土产、藩属、杂录 19 个门类，是乾隆时期有关新疆地区资料的汇编。

《钦定皇舆西域图志》卷帙浩繁，内容收罗广泛。在体例上具有诸多特点：1. 配以图说。图共 32 幅，集中于前三卷，其中第一卷为行政图，第二卷为地形图（包括山脉、河流）以及藩属国，第三卷为历代西域图，各图都附有简短的文字解说。即清朝的《皇舆全图》亦有两幅，一图不包括西域地区（应为康熙年间绘成），另一是新绘西域地区的地图，展示清朝对西域控制的前后两个阶段。表明编者有意识地通过地图来反映地理疆域的历史性变化，在考察地域的空间观念内融入“历史”的时间观念，充分表现了本书“地”与“史”有机结合的撰述旨趣。2. 列以诸表。共十五张，占两卷篇幅，其中第四卷为安西南路、安西北路、天山北路，卷五为天山南路及藩属。3. 标以晷度。每地都标出方位时区特征，包括北极高、距京师里程，夏至、冬至的昼、夜长及午正日影等项目的实测数字，充分展现了清廷对西域地区的高度重视和编纂者付出的艰巨劳动，从而显得图文并茂，眉目清晰。

《钦定皇舆西域图志》的纂修，是在清初康、雍、乾三朝不断用兵西北边疆地区，终于取得根本性胜利，从而实现国家疆域大一统的历史背景下进行的。其中康熙、雍正时期主要是平定天山北部的准噶尔部叛乱，乾隆时期又平息了天山以南大、小和卓的反叛。清朝从军事上平定了天山南北之后，汲取新疆地区首领降而复叛、反复无常的历史教训，先于南疆设参赞大臣，并派官员直接控制各地方政权，乾隆二十七年（公元 1762 年），在新疆设立伊犁将军，驻兵惠远城，总统南北疆事务，使天山南北处于清中央政权实际管理和强有力的统治之下。

在《钦定皇舆西域图志》中十分强调关于新疆地区的历史考

证，书中每一卷均有相关记载，其旁征博引的史料足以加强以下的基本印象：广袤的新疆地区任何一部分都同建都于中原的历代王朝发生着千丝万缕、从未间断过的密切联系，即不论是统括性的图和表，还是地理位置、疆域、山水等自然状况，抑或为官制、兵防等行政设置，以及各种具有地方特色的内容，全书均显示出西域与内地的联系、清朝对西域的控制和经营。总之，《钦定皇舆西域图志》全书贯穿着大一统观念、体现清廷统一和经营新疆的宗旨，其基调是宏阔的眼光与昂扬的精神。

参考文献

[1] 薛宗正：《读〈钦定皇舆西域图志〉》，《新疆师范大学学报》（社会科学版）1983年第2期。

[2] 钟兴麒、王豪、韩慧校注：《西域图志校注》，乌鲁木齐：新疆人民出版社，2002年。

[3] 乔治忠、侯德仁：《乾隆朝官修〈西域图志〉考析》，《清史研究》2005年第1期。

八十三

《平定准噶尔回部得胜图》

由郎世宁、王致诚、艾启蒙、安得义等绘，全面反映了清乾隆时期平定额鲁特蒙古准噶尔部达瓦奇叛乱以及平定天山南路回部大、小和卓木叛乱的重大战争场面，实为纪念西域作战的庆功图。

铜版画是欧洲人发明的一种艺术形式，其底版由金属铜版所制。明清时期，欧洲传教士来到中国，也将铜版画传向中国，著名的意大利传教士利玛窦就曾向明代皇帝进献表现西班牙建筑的铜版画，其精美逼真的制作细节引起了中国人的兴趣。不过当时的制作工具尚未运到中国，在中国本土还未进行尝试。直到清康熙五十二年（公元 1713 年），康熙皇帝对此颇感兴趣，专门请传教士在宫廷中制作和传授铜版画。意大利传教士马国贤由此制作的《御制承德避暑山庄三十六景诗图》是清代宫廷制作铜版画的首次尝试，马国贤后来还将《皇舆全览图》做成了铜版。

雍正年间，马国贤返回意大利，但是他将欧洲铜版画的技术留在了中国，还培养了一批相关的中国人才。至乾隆年间，清代宫廷铜版画的刊刻也愈发兴盛，先后刻印了七套铜版战图和一套圆明园景观图，《平定准噶尔回部得胜图》便是其中最具代表性的作品。

乾隆帝号称“十全老人”，自矜文治武功。清代早期新疆天山南北为额鲁特蒙古准噶尔部所据，至康熙年间，准噶尔部势力日盛，与清政府多次发生冲突。乾隆二十年（公元 1755 年）清政府再次出兵，俘获准噶尔汗达瓦齐，至此彻底平定准噶尔部叛乱。清廷当时将准噶尔部关押的大、小和卓释放，乾隆二十二年（公元 1757 年），大、小和卓叛乱，占领了新疆的西南局部地区，清政府派军平叛，最终在乾隆二十四年（公元 1759 年）彻底平定。此后清政府专设伊犁将军，将新疆彻底纳入中央政府的管辖。

为了纪念这一壮举，公元 1760 年，乾隆帝命宫廷画家意大利人郎世宁起草画稿，后又召集包括郎世宁在内的四位外籍画家绘制了更为细致的画稿以供铜版制作，完成后将画稿送往法国雕版印刷，公元 1774 年，《平定准噶尔回部得胜图》的 16 幅铜版、画稿、成品等才全部抵达中国。原版中部分藏于德国柏林国立民俗博物馆，有一块藏在国内，北京故宫博物院收藏了一套印本，为册页装，共 16 幅，每幅纵 55.4 厘米、横 90.8 厘米，绘画的手法为纯西洋画风，采用全景式构图。

这套版画每幅各有主题，第一幅为平定伊犁受降，是表现准噶尔部叛乱被平的场景。第二幅为格登鄂拉斫营，表现的是清军奇袭准噶尔部的场景。第三、四、五幅是表现清军攻打回部叛军的场景。第六幅是表现回部首领霍集斯向清军投降。第七幅至第十三幅也是对回部叛军作战的场景。最后三幅是战争结束后，清军班师回朝，展开的献俘、郊劳和庆功宴会等场景。

通过这次铜版画制作，清代宫廷自身的铜版画制作水平不断提高，乾隆时期印刻的《圆明园长春园图》体现了清廷的铜版画最高水准。

这套铜版画场面宏阔、结构复杂、人物众多，见证了中西文化交流，更是中华民族共同体的历史见证。

参考文献

[1] 聂崇正：《清朝宫廷铜版画 < 乾隆平定准部回部战图 >》，《故宫博物院院刊》1989 年第 4 期。

[2] 翁连溪：《清代内府铜版画刊刻述略》，《故宫博物院院刊》2001 年第 4 期。

[3] 闫辉：《刻版铭史——论清代宫廷铜版画战图及其他》，《美术观察》2019 年第 9 期。

八十四

土尔扈特全部归顺记碑

在今河北省承德市有一座建于清乾隆年间的普陀宗乘之庙，造型仿照西藏拉萨的布达拉宫，庙中立有两座大型石碑，即土尔扈特全部归顺记碑和优恤土尔扈特众记碑。这两通石碑都立于乾隆三十六年（公元 1771 年），分别刻有满、汉、蒙古、藏四种文字，此碑高 3.4 米，宽 1.5 米，碑文汉字共 9000 余字，全文亦见于《清实录》等重要清代文献。

土尔扈特部是明清时期厄鲁特蒙古的四部之一，17 世纪 30 年代，该部首领与同属厄鲁特蒙古的准噶尔部首领不和，从塔尔巴哈台附近的雅尔地区辗转迁移到额济勒河（伏尔加河）下游，但也多次向清政府朝贡，清康熙帝也曾派使团前往看望该部。可见虽然土尔扈特部远居一隅，但一直和祖国内地保持着紧密的关系，更不论其本就是蒙古族，且信仰藏传佛教，在文化和宗教信仰方面与祖国联系牢不可破。乾隆二十四年（公元 1759 年），清军彻底平息准噶尔部和回部叛乱，将天山南北的管辖权收归中央政府，这极大地吸引了土尔扈特部返回祖国。另一方面，沙皇俄国对土尔扈特部进行压榨和剥削，还征调部族成员参与攻打其他国家的战争，凡此种种更激起了该部回归祖国之心，开始采取武装行动反抗沙皇统治，乾隆三十六年（公元 1771 年），在首领渥巴锡等率领下，由伏尔加河下游渡过乌拉尔河，投奔祖国的怀抱。

土尔扈特部返回祖国之事，清政府事前并不知情，直到朝廷收到署理定边左副将军的奏报，才知晓土尔扈特部正举族迁徙。乾隆皇帝对这事件非常重视，立即主张收留和抚恤回归的土尔扈特部民众。但是由于不清楚该部具体的返回路线，只好先作估计，专门请有经验的官员做好迎接该部的准备。随土尔扈特部回归的诸人中还有曾参与准噶尔部叛乱的人，这引起了清政府的警惕，但是经过仔细分析，还是对他们的回归表示欢迎，并让他们到内地觐见。

历时近半年，土尔扈特部台吉策伯克多尔济先率百余部众首先抵达伊犁河附近，又与伊犁将军会面，还进献了给皇帝的礼物。土尔扈特部虽然返回祖国，但是途中遭遇了沙皇俄国军队的围追堵截，又克服沿途恶劣的自然环境，历经长途跋涉，损失很大。这更体现出土尔扈特部在沙俄压榨下生活之艰辛，和他们回归祖国的坚定决心。

乾隆皇帝在得知该部返回祖国后，曾写诗记录此事，专门刻碑立在彼时刚刚落成的普陀宗乘之庙。乾隆于此年为其母崇庆太后的八十寿辰在该庙举办法会，土尔扈特部首领也受邀参加朝觐，还向皇帝进献礼物，其中部分收藏在今故宫博物院。

长期以来海内外的中华儿女都深深眷恋着故土，土尔扈特部回归之初衷也不外如是，无言的石碑历经世事沧桑，见证着中华民族不变的强大凝聚力和向心力。

参考文献

[1] 周伟洲：《略论清代承德普陀宗乘之庙 < 土尔扈特全部归顺记 > 碑》，《西北大学学报》（哲学社会科学版）1976 年第 1 期。

[2] 毛必扬：《略述土尔扈特部回归》，《历史档案》1986 年第 1 期。

[3] 陶晓珊：《用故宫文物解读土尔扈特部东归的历史细节与意义》，《文物天地》2022 年第 2 期。

八十五
金瓶

乾隆五十七年（公元 1792 年）清朝在今西藏自治区拉萨市大昭寺和北京市雍和宫内各设一尊金瓶，用于藏传佛教各大活佛转世灵童的认定。金瓶为铜质鎏金，镶嵌珠宝，造型富丽堂皇，极具藏传佛教艺术的特征。

活佛转世制度为藏传佛教所特有，在清代除了达赖喇嘛和班禅额尔德尼两大活佛转世系统之外，还出现了统管蒙古、甘青地区的多个活佛转世系统。这些重要活佛在当地享有很高的宗教地位和社会声望，为清代统治者所重视。

然而活佛转世的认定等环节很容易受蒙藏上层贵族影响，导致活佛与地方世俗势力勾结，破坏国家统一和民族团结。乾隆年间，噶举派红帽第十世活佛勾结廓尔喀，导致廓尔喀入侵西藏，大肆劫掠扎什伦布寺，这引起了清政府的极大重视。清军以福康安为统帅，击退了敌军。这次廓尔喀入侵使乾隆皇帝意识到应进一步加强对活佛转世的管理，清理西藏地方制度的多方弊病。福康安遵乾隆皇帝旨意与七世班禅大师和八世达赖喇嘛会面，与西藏地方人员多次商议，筹措善后章程。

清乾隆五十八年（公元 1793 年），清政府颁布了《钦定藏内善后章程二十九条》，其中第一条即是金瓶掣签制度，以规范藏蒙地区的活佛转世，将活佛转世的认定权收归中央政府，并专门制作了这两尊金瓶（于公元 1792 年颁赐）。其中大昭寺金瓶用于达赖喇嘛、班禅额尔德尼等大活佛的转世灵童的认定，雍和宫金瓶用于确认蒙古各部及甘青地区大活佛转世灵童的认定。《钦定藏内善后章程二十九条》中详细说明了寻找转世灵童的方法：关于寻找活佛及呼图克图的灵童问题，依照藏族例俗，确认灵童必问卜于四大护法，这样就难免发生弊端。大皇帝为求黄教得到兴隆，特赐一金瓶，今后遇到寻认灵童时，邀集四大护法，将灵童的名字及出生年月，用满、汉、藏三种文字写于签牌上，放进瓶内，选派真正有学问的活佛，祈祷七日，然后由各呼图克图和驻藏大臣在大昭寺释迦像前正式拈定。金瓶掣签的制度在颁布之后得到了藏传佛教领袖以及当地广大群众的拥护和支持。清政府还要求登记活佛名册，直到清嘉庆年间，完成了西藏、康区和蒙古的活佛登记造册，并记载了各活佛的世系。

《钦定藏内善后章程二十九条》还确立了驻藏大臣督办藏内一切事务，应与达赖喇嘛和班禅额尔德尼平等，噶伦以下官吏的任免流程也需驻藏大臣参与，此外还公布了经济、税务、军事等方面的规定，凡此种种都明确了中央政府在处理西藏事务中的重要地位。

清代确立的金瓶掣签制度此后多被遵行，成为历史定制，这为祖国统一和边疆安定做出了重大贡献，也促进了中华民族共同体的形成。

参考文献

[1] 廖祖桂、陈庆英、周炜：《清朝金瓶掣签制度及其历史意义》，《中国藏学》1995年第3期。

[2] 廖祖桂、陈庆英、周炜：《论清朝金瓶掣签制度》，《中国社会科学》1995年第5期。

[3] 陈庆英：《清代金瓶掣签制度的制定及其在西藏的实施》，《西藏民族学院学报》（哲学社会科学版）2006年第3期。

[4] 陈庆英：《清代金瓶掣签制度的制定及其在西藏的实施（续）》，《西藏民族学院学报》（哲学社会科学版）2006年第4期。

[5] 金雷：《藏传佛教活佛转世认定权的历史嬗变：从元朝至清朝》，《世界宗教研究》2020年第6期。

[6] 郑堆：《金瓶掣签制度符合宗教仪轨和历史传统》，《中国藏学》2022年第6期。

八十六
车里宣慰使司印

该印为铜质，印面呈正方形，圆柱状纽，边长 8.4 厘米，高 12.1 厘米，重 1.7 千克。印文为汉、满、傣三种文字，印身刻有汉字“清道光十五年正月”“道字一千二百五号”“礼部造”等内容，说明这是清代道光皇帝颁赐给车里宣慰使司的官印。印章两侧铸有制造年月、编号，是为了登记存案和备查。

车里也称彻里、撤里或车厘，辖境大致相当于今天云南省西双版纳傣族自治州。南宋淳熙七年（公元 1180 年），傣族首领帕雅真（叭真）统一各部，建立勐泐政权，称景龙金殿国，叭真即为第一代召片领，“召片领”为傣语，意为“广大土地之主”。元朝时设车里路军民总管府，明代洪武十五年（公元 1382 年），第八世召片领刀坎归顺，改置车里军民府，以刀坎为知府。洪武十七年（公元 1384 年）改置军民宣慰使司，刀坎为第一任宣慰使，治所在车里（今景洪），公元 1570 年，车里宣慰使刀应勋将其辖区划分为 12 个行政单位，即 12 版纳。明代天启七年（公元 1627 年）被废，清代顺治末年复置，下辖 12 个版纳。清代雍正时期“改土归流”，澜沧江以东的 6 版纳划归普洱府管辖，澜沧江以西的 6 版纳归车里宣慰使司管辖。

宣慰使司是土司的官职名，土司又称土官，土司制度始于元朝，明清时期延续，是中央王朝在西北、西南部分少数民族地区分封各少数民族首领的世袭官职，有文官和武官两种类型，文官按等级分为土府、土州和土县等，武官按等级分为宣慰、宣抚、安抚、招讨等。傣语中将土司称为“召勐”，意为“一片地方之主”，车里宣慰司历史源远流长，兴盛于明清，一直保存到 20 世纪 50 年代，是存在时间最长的宣慰级别土司，世袭 41 世，历时 790 年。

这枚铜印的颁赐，有其特殊的历史背景。土司实行世袭制，一般由长子承袭，但如果土司犯罪，则不准其子嗣承袭，而需要在家族中重新选择受拥戴的继承人。清代嘉庆七年（公元 1802 年），车里宣慰使刀太和去世，由年仅两岁的儿子刀绳武嗣职，清政府命令其叔叔刀太康代行宣慰使职务，后引发叔侄间的争权斗争。道光十四年（公元 1834 年），刀绳武因不遵守朝廷命令被革职，后携印潜逃，刀太康将长子刀正综过继给刀太和为嗣，清政府于是任命刀正综为车里宣慰使，次年颁发这一铜印。

印章是朝廷授予土司权力的象征，是土司权威的象征，以此号令当地民众，所以朝廷和土司对此都极为重视。中央王朝给车里土司颁发官印的历史，可追溯到宋朝赐给景龙金殿国的“虎头金印”，而元明清时期，历代都赐有印信。这枚“车里宣慰使司印”，是中央王朝与地方关系的重要见证，体现了清王朝对边疆地区的有效管辖和边疆地区对中央王朝的认同。

参考文献

[1] 云南省少数民族古籍整理出版规划办公室编：《云南少数民族官印集》，昆明：云南民族出版社，1989 年。

[2] 民族文化宫博物馆编著：《中国少数民族文物图典·民族文化宫博物馆卷》，沈阳：辽宁民族出版社，2009 年。

[3] 冯昆思：《车里宣慰使官印中的西双版纳往事》，“民族文化宫”微信公众号，2021 年 9 月 7 日。

八十七
龙峰泰山庙壁画

泰山庙位于福建省福州市鼓楼区华林路龙峰，始建于明代崇祯三年（公元 1630 年），现存建筑主要为清代修建，2009 年被公布为福建省省级文物保护单位。庙坐北朝南，由山门、仪门、戏台、大殿、廊庑等组成，仪门前厅的东西墙壁上绘有福建各府州（包括台湾府城）城隍及其随从，大殿内供奉有温、康两都统及十二元将等神祇，廊庑上有保稷、五谷、瘟疫等十四司神像彩绘及泥塑。

这幅壁画为清代道光年间绘制，水墨素描，描绘的是福建各府州城隍晋见东岳大帝的场景，城隍年龄不一，神态各异，生动形象，头戴长翅上翘的官帽，官服上绣有祥云、海涛图案，脚着靴，手持朝笏，正膝端坐，背后各站有一位头戴圆帽、身着长褂、手执书卷的随从，书卷封口处写有“某某府城隍”，东壁从北向南依次是龙岩州城隍、福宁府城隍、邵武府城隍、延平府城隍、漳州府城隍、福州府城隍，西壁从北向南依次是永春州城隍、台湾府城隍、汀州府城隍、建宁府城隍、泉州府城隍、兴化府城隍。

明朝末年，郑成功率军驱逐盘踞在台湾的荷兰殖民者，收复台湾。清康熙二十二年（公元 1683 年），施琅率军平定台湾，将台湾置于中央政府的管辖之下。次年，清政府设立台湾府，隶属于福建省。清代初年，延续明代制度，福建省下辖福州、兴化、泉州、漳州、延平、建宁、邵武、汀州八府，康熙二十三年（公元 1684 年）增设台湾府，雍正二年（公元 1724 年）升福宁州为福宁府，雍正十二年（公元 1734 年）升永春、龙岩为直隶州。这一壁画中福建各府州的城隍，正是当时行政隶属关系的反映。

城隍信仰最初源于人们对城墙、城壕的自然崇拜，随后逐渐演变为神化了的人格崇拜。该信仰认为冥界和人间一样有社会机构，城隍是一定行政区域的行政长官，掌管着冥界和人间的各类事务，人的一生都在其监管之下。城隍惩凶扬善，防涝抗旱，驱邪避恶，负责本辖区世人善恶的记录，对入冥者进行审判和移送。宋代以后，有关城隍的祭祀遍布全国，并被列入官方的祭祀活动，明太祖朱元璋还根据行政区划等级，下诏分封天下的城隍，清代更要求地方官员上任后要到当地城隍庙供奉进礼。台湾的城隍信仰一般认为由郑成功带入，清代统一台湾后，各地城隍庙陆续兴建，城隍信仰不断兴盛，成为台湾民间祭祀最普遍的十八神明之一。

龙峰泰山庙的这幅福建各府州城隍壁画，表明其城隍信仰特征与全国一致，台湾的城隍信仰源自福建地区，反映了海峡两岸城隍信仰的密切关系，有力地证明了台湾是祖国重要的组成部分，同时也说明海峡两岸具有不可分割的文化情节，这对于增强闽台文化认同感，促进祖国和平统一，具有积极意义。

参考文献

[1] 郑国珍：《海峡两岸城隍信仰在神缘关系中的地位》，载福建省社会科学界联合会、福建省五缘文化研究会编:《海峡两岸五缘论》，北京:方志出版社，2003年。

[2] 汪洁：《闽台宫庙壁画研究》，福建师范大学硕士学位论文，2003年。

[3] 福建省文物局编：《福建涉台文物大观》，福州：福建教育出版社，2012年。

八十八
《百苗图》

《百苗图》系一类反映清代贵州民族的图说文本之总称，这类文本以图片形式描绘清代贵州各民族的生产生活和文化习俗，并配以文字解释说明，图文内容通常相互呼应，生动形象地反映清代贵州的民族状况，是研究清代贵州民族的珍贵资料。一般认为，《百苗图》原本是清嘉庆年间贵州八寨理苗同知陈浩所作《八十二种苗图并说》。也有意见指出，《百苗图》各种绘本的出现，与清乾隆时期清中央政府平定贵州苗族地区后与各地区共同编纂《皇清职贡图》关系密切。

陈浩在其任官时期，在整理典籍文献的基础上辅以实地调查资料编撰成了这部极为珍贵的贵州民族志专著。版本留存约60种，国内外博物馆和图书馆均有收藏。各版本名称和内容均有差异，书名有《苗蛮图册》《黔苗图说》《百苗图》《百苗图咏》《百苗图诗画》《番苗画册》等。因《百苗图》画本在民国初年曾以石印本小规模发行，在民间影响较大，故后人多称此类图书为《百苗图》。将各版《百苗图》中各民族编排顺序与李宗昉《黔记》中摘录的文字部分进行比对，可知《百苗图》中八十二个条目的编排有其一定的规则，即按照民族社会文化血缘关系和称谓出现的先后顺序进行编排，由此可知八十二个“族称”之间的族属关系。

贵州地区各民族交往方式多种多样，涉及政治、经济、文化、社会等方面。《百苗图》各抄本所呈现的清代晚期贵州地区多民族交往方式丰富多彩，特色鲜明。如以“做佣工”“做担保”为主的经济交往方式，再如受清水江流域木材贸易的深刻影响，两种经济交往方式集中体现在“洞苗”“黑仲家”这两个侗族北部支系与汉族的交往上。以联姻、服劳役为主的政治交往方式，集中体现在“宋家苗”“土仡佬”这两个群体与彝族的交往上。以“结同年”、恋爱、通婚为主的社会交往方式，分别体现在“清江苗”“白仲家”“车寨苗”这三个群体与汉族的交往上。明清以来，贵州各民族交往交流频繁，交融趋势日益突出。其中，彝族与苗族以及汉族与彝族、侗族、苗族、布依族等群体之间进行了广泛而深入的民族交流，在语言、服饰、文教、习俗等方面实现了深度文化交融，实现了同一文化事项的多民族共有共享，各抄本中图文并茂地呈现了这一历史图景。

中国是一个统一的多民族国家，各民族交往交流交融历史悠久。贵州多民族交往交流交融历史是中华民族共同体发展史上的一个重要篇章，对铸牢中华民族共同体意识具有重要意义。

参考文献

[1] 杜薇 :《百苗图汇考》，贵阳 : 贵州民族出版社，2002 年。

[2] 黄菡薇:《近二十年国内〈百苗图〉研究述评》，载苍铭主编:《民族史研究》(第十四辑)，北京 : 中央民族大学出版社，2018 年。

[3] 乐怡整理 :《百苗图八种》，桂林 : 广西师范大学出版社，2018 年。

[4] 蒋欢宜、宋佳骏、侯有德:《从“百苗图”各抄本看贵州多民族交往交流交融》，《原生态民族文化学刊》2022 年第 6 期。

八十九
满族女装

常年居住在白山黑水间的满族，为了适应游牧和渔猎经济以及长期征战的需要，形成了与汉族服饰有很大不同的民族服饰。服饰贴身、简洁，便于参加生产劳动和马上骑射。清王朝建立之后，满族服饰也深刻地影响了此后的中国服装。

满族是明代女真族后裔，当时女真人分为建州女真、海西女真和东海女真，公元 1616 年，努尔哈赤于今辽宁新宾满族自治县建立后金，公元 1636 年，皇太极改国号为“大清”。现满族分布于全国各地，以东北三省和河北等地为多。

满族服饰虽然遵循了早期的风格和整体结构，但是也在清朝与汉族文化结合，形成了新的特点。旗袍在满语中称“衣介”，是一种满族特色女装，有单、夹、襟、棉等质地，可供四季穿着。旗袍区别于明代汉族女装上下分体的形制，是不分衣、裳的长袍。这种服饰设计原本为了便于骑马射猎时穿脱，严实保暖。但是随着清朝统治趋于稳固，满族的生产生活方式发生较大变化，服装样式也因时而变。旗袍也随之变为宽身大袖，衣身越来越长，袖口也变得宽大，服饰上的图案愈趋华丽，做工也日益精美、繁复。

清朝中晚期以后，并非满族传统服饰的氅衣，逐渐受到了宫廷中女性的追捧，并结合了汉、满民族的服饰风情。根据学者的研究，现故宫博物院收藏的清代宫廷氅衣年代最早的制作于道光年间，在此之前并未发现这类宽襟博袖的便服。其形制改变了中原氅衣对襟的特点，改为捻襟右衽，左右开裾至腋下，腋下用绦带、刺绣花边镶饰如意云头，但衣体宽松，这与满族原有的紧身窄袖服饰有很大差别。氅衣衣身较长，穿着时只能露出旗鞋的高底，袖口多饰有精美的绣纹。这种精美的服饰尤其受到清末慈禧太后的喜爱，这也反映出清朝中晚期以降，宫廷中追求华美的生活风气。

氅衣多由刺绣和织造面料制成，除了龙、凤、暗花团龙、暗花团寿等传统纹样，还逐渐形成了颇具个性化的绚丽图案。服饰上的刺绣也花样繁多，包括彩绣、珠绣、平金银绣等，使得服饰锦上添花，另外还可见缂丝制作的织造面料氅衣，制作工艺非常繁复，体现了当时高超的纺织水平。氅衣的又一突出特点为边饰，满族贵族早有用动物皮毛镶嵌在衣襟、袖口的装饰习俗。自清朝中期以后，满族贵族女性受到汉族服饰的影响，逐渐放弃朴素的皮毛镶边装饰，也开始选用织绣绦边，且不再满足于一两道镶边而越发繁复。

清代女装的变化反映出满族在入主中原以后，不断与中原文化碰撞、融合的趋向，而后来在满族女装的基础上发展出的旗袍更是成为全球华人认可的一种服饰。

参考文献

[1] 刘明新：《解读满族服饰习俗的文化内涵》，《中央民族大学学报》（哲学社会科学版）2006年第5期。

[2] 殷安妮：《清代宫廷氅衣探微》，《故宫博物院院刊》2008年第4期。

[3] 许平山、史锋、宣凤琴等：《清代氅衣造型工艺特征分析》，《丝绸》2017年第3期。

[4] 王悦、陈博、王冬冬：《论满族服饰的艺术审美与文化》，《黑龙江民族丛刊》2018年第1期。

[5] 宋晨怡：《浅析明清时期的服饰文化变革与融合》，《文物鉴定与鉴赏》2020年第5期。

九十
土司蟒纹长袍

长袍1958年在贵州省毕节市赫章县可乐乡征集，长142.5厘米，肩宽92厘米，袖口49厘米，腰围76厘米，现藏贵州省博物馆。缎面为浅蓝色，齐肩圆领，大襟右衽，长平袖，大摆，高叉。这件蟒纹长袍，胸前、左右肩、前襟左右各绣有一条四爪蟒，肩、袖、胸、背均为彩绣间金绣花蝶，纹饰非常精美。下摆处为山崖海水纹，具有吉祥的寓意，因此成为官服的专用纹饰。

“蟒袍”与皇帝所穿的“龙袍”相对应。蟒纹形态与龙纹较为相似，因此也就成为显贵的象征。蟒的形象也具有头似牛、角似鹿、鼻似狮、眼似虾、身似蛇、爪如鹰、尾如鱼等特征，与龙的形象类似，一般以“五爪龙，四爪蟒”来进行区分。蟒袍上的“蟒纹”最早出现在元代末年，明代时蟒袍非常贵重，需要赏赐才能穿。清代蟒袍沿袭了明代的旧制，但也加入了一些新的元素，同时蟒袍的穿用规制逐渐放宽，穿用人群范围更广，但蟒袍在纹饰、穿用场合上仍有严格区分。

土司制度形成于元代，是在西北、西南少数民族地区分封其首领，为世代承袭官职，明清两代延续了这一制度。明代贵州有四大土司，分别是水西安氏土司、播州杨氏土司、思州田氏土司、水东宋氏土司。其中水西安氏土司存在时间最久，“水西”即乌江上游鸭池河以西，一般指贵州宣慰使司所管辖的领土，包括十三则溪、四十八部。水西安氏的先祖，源于彝族祖先阿普笃慕的后裔默部，从三国蜀汉开始，安氏先祖在贵州地区建立过罗甸国、罗殿国、罗氏鬼国等政权。元朝初年，罗氏鬼国主阿榨归附，开始设立土司制度。明朝建立后，安氏先祖霭翠率部归附，受封为贵州宣慰使。明代洪武十四年（公元 1381 年），霭翠病逝后，因儿子年幼，由霭翠的妻子奢香夫人继承贵州宣慰使，奢香夫人是水西土司历史上最有名的首领，她在任期间广泛修建驿道，推广中原先进技术，学习儒家文化，促进了水西地区社会和经济的发展。洪武二十三年（公元 1390 年），奢香夫人将独子阿期陇弟送入京师太学读书，两年后阿期陇弟学成归来，明太祖朱元璋赐予三品朝服、袭衣、金带等，并赐姓“安”，因此称为“水西安氏”。

赫章位于贵州省西北部的乌蒙山区，为水西安氏土司统治，这件绣蟒长袍是安氏土司正妻的礼服。从样式风格来看，这一蟒纹长袍明显来自中原地区，安氏土司的妻子将其作为礼服，在重要的场合穿用，作为身份等级和礼仪制度的象征，体现了中原文化对水西安氏土司的深远影响。

参考文献

[1] 卢春樱:《略论明代水西安氏土司的历史功绩》,《贵州民族研究》2011 年第 6 期。

[2] 李黔滨主编：《贵州省博物馆藏品集》，贵阳：贵州人民出版社，2013 年。

[3] 向靖雯、丁子杉、郭丽：《清代蟒袍考略》,《服饰导刊》2021 年第 6 期。

九十一
伊犁将军府

现存伊犁将军府初建于光绪八年（公元1882年），其结构与北京四合院相似，建筑群整体坐北向南，总占地近2万平方米。共有三重门院，沿中轴线依次为府门、二堂和辛亥革命之后建立的将军亭。东西两侧各有营房、厢房。西侧有四合院，内有正堂和家眷住房，四合院的西南侧有武备仓库。二堂后有金库，金库西北为衙署，保存较为完整。府内的东营房东侧还有文庙。

乾隆年间，清政府派兵平息了准噶尔部贵族和回部大、小和卓的叛乱，为了进一步管辖西北地区，首先在伊犁地区驻防兴屯，又在乾隆二十七年（公元 1762 年）专门设立了“总统伊犁等处将军”，也就是这里提到的伊犁将军，负责全疆的军政边防事务，第一任伊犁将军为领侍卫内大臣公明瑞。

此后，伊犁将军成为新疆地区级别最高的军政长官，清政府于乌鲁木齐设一都统，又在四地各设一参赞大臣，由都统管辖，管理新疆境内的驻防官兵，另外在多地设办事大臣或领队大臣，管理县、营各级官员。各级驻扎大臣都由伊犁将军管辖。乾隆二十八年（公元 1763 年），在伊犁河北岸今伊犁哈萨克自治州霍城县东南修建了新城——惠远城，这里从此成为新疆地区的首府，也是伊犁将军的驻地，在其周围陆续又修建了八座城池。清政府起初从内地迁移官兵来此驻防，三年一换，后来又改为官兵携亲眷永久驻扎。伊犁地区也就成为新疆军政的中心，改变了此前以甘肃嘉峪关为西北边界的局面。

这座首府之城先后多次遭到伊犁河的侵袭，又在同治十年（公元 1871 年）被沙俄侵略者拆毁，光绪七年（公元 1881 年），清政府收回该地，在旧城北修建了新惠远城。如今我们见到的伊犁将军府就坐落在新惠远城中。但是在公元 1884 年新疆建省后，省府为迪化也就是今天的乌鲁木齐，伊犁地区不再是新疆军政的中心，仅处理北疆边境事务。辛亥革命后，伴随清政府的垮台，伊犁将军府也被挪为他用，最终被废置。

伊犁将军府旧址曾被长期废置，后又经过多次改建、改造，将军府围墙也破损得较为严重，建筑群的保护迫在眉睫。伊犁将军府于 1996 年被列为第四批全国重点文物保护单位，进入 21 世纪以来，为了修葺这座见证了中央政府经略新疆的历史建筑群，国家文物局专门拨款将府内的主要建筑进行维修，此后又多次拨款修复，并提升府内的展示布置。

如今伊犁将军府已经重新开放接待四方游客，这座建筑不仅展示了新疆地区清代建筑的面貌，更有力地证明了新疆自古以来就是中国神圣不可分割的领土。

参考文献

[1] 史明迅：《伊犁将军府旧址》，《历史教学》2002 年第 10 期。

[2] 吕强：《乾隆“伊犁将军府”的设立与肃州城镇经济的回落——基于西北稀见方志的梳理与分析》，《中国地方志》2022 年第 1 期。

[3] 张新颖、赵璐：《新疆伊犁将军府遗存价值研究》，载中国文物学会传统建筑园林委员会主编：《建筑文化遗产的保护与利用论文集》，天津：天津大学出版社，2012 年。

九十二
虎门炮台

虎门地处珠江口的咽喉位置，是中国南大门的海防要塞，形势险要，其南面是伶仃洋，北面是狮子洋，一江两岸以主航道为界，东面属于东莞虎门，西面属于广州南沙。虎门炮台分布于一江两岸和江中的三个岛屿（上横档岛、下横档岛、大虎山岛）之上，广州南沙区鸦片战争时期的炮台，主要在上横档岛和大虎山有一些分布，而光绪时期的虎门炮台大多保存完好。虎门炮台是我国现存古代海防炮台中保存类型最多、时间跨度最长的古炮台，1982 年，虎门炮台旧址被列为第二批全国重点文物保护单位。

虎门炮台最早建于清代康熙年间，公元 1840 年以前，虎门炮台下辖 12 个炮台，即南山炮台和横档炮台、沙角台、新涌台、蕉门台、镇远台、横档月台、大虎台、大角台、威远月台、永安台、巩固台、靖远台。虎门炮台当时被认为是中国沿海设施最完善、火力最强大、工事最坚固的海防要塞，广州也因此成为唯一的通商口岸。虎门炮台在清代历经三次大规模的建设，分别是第一次鸦片战争前、第一次鸦片战争后、光绪时期，同时两次鸦片战争也对其造成了很大破坏。

清王朝后期，仍然是一个独立的封建国家，与英国的贸易中，中国处于出超的地位。而英国完成工业革命后，急需中国这样一个广大的市场作为货品出口地，英国为了改变贸易逆差，向中国偷运鸦片，从中获取了巨额暴利。鸦片给中华民族带来了深重的灾难，民众强烈呼吁禁烟，公元 1838 年，道光皇帝命令林则徐为钦差大臣，到广东负责禁烟运动。公元 1840 年，英国发动了侵略中国的战争，史称“第一次鸦片战争”，中国广大爱国官兵和人民进行了英勇的抵抗，但由于清政府畏惧妥协，导致战争最终失败。公元 1842 年，英国强迫清王朝签订《南京条约》，中国的独立和领土完整逐渐遭到破坏，开始沦为半殖民地半封建社会。

虎门炮台是清代最重要的海防要塞，在康熙、嘉庆、道光、咸丰、光绪各朝都不断进行建设，代表中国古代海防的最高水平。海防是我国国防体系中的重要组成部分，虎门炮台作为清代国家海防中心，在海防体系中处于核心枢纽作用。但由于晚清政府的软弱妥协，虎门炮台多次遭到外国侵略者的破坏，中国近代屈辱史由此开始。

1958 年，沙角山南麓发现有一处鸦片战争时期牺牲士兵的墓葬，墓碑正中刻有“节兵义坟”，由碑文可知此处墓葬埋葬有 75 位牺牲士兵的遗骸。同时，横档岛发现过一块刻着“义勇之家”的墓碑，也与鸦片战争时期在横档炮台牺牲的士兵有关。这些都是鸦片战争期间，中国军民坚决抵御外侮、宁死不屈的重要见证，虎门炮台的炮声拉开了近代史上中国各族人民反对帝国主义侵略的序幕。

参考文献

[1] 黄流沙、苏乾：《鸦片战争虎门战场遗迹遗物调查记》，《文物》1975 年第 1 期。

[2] 黄利平：《虎门炮台的分期——以广州所属虎门炮台为例》，《岭南文史》2006 年第 3 期。

[3] 陈建华主编：《广州市文物普查汇编·南沙区卷》，广州：广州出版社，2008 年。

[4] 黄淼章：《南沙虎门炮台遗址面临的新机遇与新挑战》，《岭南文史》2020 年第 4 期。

九十三
白龙炮台

白龙炮台位于广西防城港市防城区江山白龙尾半岛南端临海的四个小山包上，该炮台修筑于清代光绪十三年（公元 1887 年）。白龙炮台由一系列建筑群组成，包括阶梯、门楼、厢房、炮座和地下室等。各炮台均有地下兵房和火药库，炮台正面门楼用方形条石砌成，门楼前设有阶梯，每个炮台蝙蝠式的门楼中央镶嵌有用楷书镌刻炮名的青石板。进入大门后，左右两边为厢房，再往内沿左右台阶而上，就到达椭圆形露天炮台，炮台均为混凝土结构，配有六门英国造的大型火炮，白龙炮台是北部湾海防系统的组成部分。

北部湾位于中国南海西北部，是一个半封闭的自然海湾，作为西南地区出海的重要港湾，其北临广西北海、钦州、防城港三市，东接广东雷州半岛、海南岛，西临越南，地理位置十分重要。明代，广西防城港市隶属于广东承宣布政使司，清代延续了明代的建置，将广东海防分为东、中、西三路，白龙古炮台所在区域属于广东西路。北部湾沿海区域同处于半封闭的海湾边缘，因此海防形势和布局大致相同，而与东南和东部的海防存在较大差异。

炮台是明清时期海防的重要组成部分，北部湾沿海分布有众多古炮台遗址，如广西段就有那梭炮台、白龙炮台、水营细岭炮台、石龟头炮台、鹰岭炮台、乌雷炮台、大观港西炮台、大观港东炮台、八字山炮台、地角炮台、冠头岭炮台。从时间上来看，北部湾沿海在明代洪武和清代康熙、道光和光绪年间都建造有炮台，以康熙、光绪年间建造数量最多，这些炮台的选址和布局，与当时的海防形势关系密切，是明清时期海防思想和体系的体现。

中法战争爆发后，法国侵略者入侵白龙尾半岛及万尾、江平等沿海地区，一路烧杀抢掠。公元 1884 年，法军在白龙尾半岛驻扎，奴役和杀害当地各族群众，当地人民奋起反抗，经过激烈的斗争，公元 1886 年终于将侵略者赶走。次年，清政府在战争中意识到海防薄弱的问题，两广总督张之洞亲自率部对竹山、江平、白龙尾半岛进行勘察，白龙炮台由此修建。这些炮台与越南隔海相望，国防位置非常重要，经过 100 多年的风雨沧桑，北部湾沿岸的古炮台依然屹立，是中华民族抵抗外侮、保卫海防的一处历史见证。

参考文献

[1] 防城县志编纂委员会编 :《防城县志》，南宁 : 广西民族出版社，1993 年。

[2] 张向冰 :《海疆炮台祭（下）》,《海洋世界》2010 年第 12 期。

[3] 吴付平 :《北部湾沿海古炮台与明清海防》,《中国港口》2017 年增刊第 1 期。

九十四
乃宁寺大血战英烈纪念碑

乃宁寺，又称乃宁曲德寺、南尼寺、南宁寺，位于西藏日喀则市康马县年楚河的上游，坐西朝东，背山面河。年楚河谷是西藏文化的发祥地之一，是历代商旅往来的重要通道。乃宁寺在藏语里有旧寺、圣迹要地之意，可见其历史悠久，在藏传佛教史上具有重要的地位和意义。1904 年，英国军队侵略中国西藏，乃宁寺遭受了历史上从未有过的大劫难，纪念碑便是对这段抵御外侮、浴血奋战历史的见证。

19 世纪末期，英国为了扩展东方殖民体系，以探险游历为名，派出探险队到我国西藏地区，妄图将西藏纳入大英帝国的版图。清光绪十四年（公元 1888 年），英国侵略军向守卫隆吐山的西藏军民发起攻击，挑起了第一次侵略西藏的战争。西藏军民奋起反抗，用传统简陋的武器击退侵略者。但英军随后全力反攻，隆吐山守军寡不敌众，先后退守捻纳各地，英军趁机强占了日纳、则利拉等地，取得了诸多在西藏的特权。

1903 年，英国侵略军发动第二次侵略西藏的战争，沿途烧杀抢掠，面对英国的入侵，西藏人民奋起反抗。1904 年，英国侵略军先头部队到达江孜，江孜是进入西藏腹地的战略要地，而乃宁寺地处通往江孜的交通沿线，当时的西藏地方政府于是将乃宁寺作为重点防守阵地，调集有 500 余人的僧俗民兵驻守。寺院僧众在寺周围筑起防御工事，控制了寺庙南北两侧的制高点，多次击退英军的进攻。但在英军炮火的猛攻下，寺院围墙被炸出一个缺口，英军攻入寺内，守卫大殿的民兵举刀奋战，最终因为敌我力量悬殊而撤离，寺院石板上血流成河。英军占领乃宁寺后，放火焚烧了经堂，掠夺了寺院珍藏的大量文物。

乃宁寺虽然失守了，但那种不屈不挠、抵御外侮、保家卫国的英雄事迹和爱国主义精神，被西藏人民不断传颂。阿达尼玛扎是当时守卫乃宁寺的民兵，他曾在与英军的殊死搏斗中，杀死英军军官，并和弟弟率领一支民兵奔赴前线，兄弟二人都壮烈牺牲。今天，在阿达尼玛扎兄弟的故乡工布地区，人们把他抗英出征的日子定为“工布年”，并在这一天举行盛大的活动来纪念这两位英雄。

乃宁寺现存有土枪、长刀、铁头盔、铁铠甲等抗英文物，当年寺院僧众就是用这些传统的武器，坚决抵抗英军入侵，让侵略者的每一步都付出了代价。作为对这段历史的纪念，乃宁寺山门外竖立着这块巨大的石碑，碑上用鲜红的颜色书写着“乃宁寺大血战英烈纪念碑”，用以纪念当年保家卫国而英勇牺牲的英雄们。西藏人民高举反帝爱国的旗帜，体现了中华民族捍卫国家主权和领土完整的决心。

参考文献

[1] 杨贵华 :《西藏抗英入侵遗址纪行》,《国防》1995 年第 4 期。

[2] 杨贵华 :《西藏年楚河谷的抗英爱国丰碑》,《军事历史》1995 年第 5 期。

[3] 四川省文物考古研究院、日喀则市文化局 :《日喀则地区康马县乃宁曲德寺调查简报》,《西藏研究》2007 年第 1 期。

[4] 平措扎西 :《漫话乃宁寺》,《中国西藏》2017 年第 2 期。

九十五

《山西学联会学生军筹备委员会宣言》

五卅运动是1925年5月30日爆发的反帝爱国运动,《山西学联会学生军筹备委员会宣言》是山西各界声援五卅运动的重要见证。以山西青年学生为主体的声援五卅运动，不仅磨炼出来了一批党的优秀年轻干部,而且由于青年学生深入工厂、农村宣传讲演,使反帝反封建的烈火在劳动人民中越烧越旺。

1925年2月起，上海22家日本商人创办的纱厂近4万名工人，为反对日本资本家打人和无理开除工人，要求增加工资而先后罢工，但遭到日本帝国主义和北洋政府的镇压。5月15日，上海内外棉第七厂的日本资本家枪杀工人代表、共产党员顾正红，打伤工人10余人。这一暴行激起了上海工人、学生和广大民众的极大愤怒，中共中央于28日召开紧急会议，决定30日在上海租界举行反对帝国主义的游行示威活动。

1925年5月30日，上海工人和学生在租界进行演讲和示威游行，英国巡捕先后逮捕100余人，并向游行的群众开枪射击，当场打死13人，受伤数十人，制造了震惊全国的五卅惨案。帝国主义列强的屠杀，激起了中国人民的强烈反抗。从6月1日起，上海全市发起了声势浩大、反对帝国主义的总罢工、罢课、罢市，帝国主义又多次开枪，打死打伤群众数十人，英、美、意、法等国军舰上的军队出动，占领上海大学、大夏大学等高校。上海人民不畏帝国主义的武力镇压，相继有20余万工人罢工，5万多学生罢课，公共租界商人全体罢市。在中国共产党的领导和推动下，五卅运动的浪潮很快席卷全国，工人、学生、商人、市民、农民等约1700万人都参与到这场声势浩大的反帝爱国运动中。

上海五卅惨案发生后，山西各界也掀起了反对帝国主义、援助上海工人运动的热潮。中共太原党团组织负责人张叔平、傅懋恭（彭真）、纪廷梓、王瀛等，与太原工商各界取得联系，决定共同采取行动，支援上海。他们改组了太原学校学生联合会，下设募款委员会、学生军筹备委员会、援助农工委员会、抵制英日货委员会等机构。1925年6月6日，在太原市学生联合会的组织下，太原各大、中、小学生一致罢课，并举行集会和游行示威，散发传单，向路人揭露帝国主义列强制造五卅惨案的真相，努力声援上海人民的斗争。其后，太原市学生联合会组织联络当地工、商、学、市民等 30 余个团体，组成了太原市民为英日惨杀上海学生、工人后援会。6 月 10 日，后援会发动太原市民、学生举行了反对帝国主义大游行，组织 3 万多人参加五卅惨案死难烈士公祭活动。

《山西学联会学生军筹备委员会宣言》代表了山西人民对五卅反帝爱国运动的大力支持，在这场运动中，山西各界民众结成革命联合阵线，共同反对帝国主义和军阀割据，谋求民族自由和独立。五卅运动是中国共产党直接领导的反帝爱国运动，标志着大革命高潮的到来，促进了中华民族的觉醒和国民革命运动的发展。五卅运动也得到国际社会、海外华侨和各国人民的广泛同情和支持，成为一场具有广泛国际影响的反对帝国主义的斗争。

参考文献

[1] 张献哲 :《五卅运动在太原》,《晋阳学刊》1981 年第 3 期。

[2] 孟苗 :《声援五卅反帝爱国运动》,《山西日报》2021 年 2 月 1 日，第 005 版。

[3] 李青 :《山西早期革命先驱与中共太原支部》,《中共山西省委党校学报》2022 年第 4 期。

九十六
“中国夷民红军沽鸡支队”队旗

1935年，红军北上经过冕宁时，被当地人误以为是国民党地方军阀的队伍，并对这支队伍展开了武装侵扰。同年5月22日，彝族头人小叶丹在彝海和红军司令刘伯承歃血为盟，结为兄弟。刘伯承代表红军授予小叶丹“中国夷民红军沽鸡支队”队旗，成立中国夷民红军沽鸡支队，并任命小叶丹为支队长。在小叶丹的帮助下，红军队伍顺利通过百里彝区。红军走后，国民党反动派前来“追责”，小叶丹宁愿倾家荡产甚至付出生命也没有交出那面旗帜。1942年小叶丹遇袭身亡，他的妻子将旗帜缝进百褶裙夹层躲避国民党反动派的搜查。1950年冕宁解放，这面珍贵的队旗被送到解放军手中。

在中国人民革命军事博物馆收藏有一件国家一级文物，名为“中国夷民红军沽鸡支队”队旗。

1935 年，在四渡赤水、巧渡金沙江之后，红军仍面临极大威胁，国民党宣称要“让朱毛做第二个石达开”。为了粉碎国民党反动派的阴谋，中央军委组建了一支由刘伯承任司令员、聂荣臻任政治委员的先遣队，希望为红军主力顺利北上摸清道路。刘伯承在研判了当时的复杂局势后，决定借道凉山彝族地区以迅速靠近大渡河，通过冕宁直抵安顺场。

凉山彝族地区位于四川西部的横断山系东部，这里受到复杂地形的阻隔，长期以来交通较为闭塞，自然条件较为恶劣。大小凉山未形成统一政权，不同的支系势力出于利益之争，也时常出现纠纷与冲突。当地彝族长期处于奴隶社会，受到土司的剥削压迫，后来又被国民党军阀欺压迫害，彝族百姓对汉族也有很强的戒备心理，社会矛盾较为严峻。

在红军先遣队由西昌前往冕宁前，中共冕宁地下党组织便已经在当地开展工作，而且红军一路上都宣扬我党救国救民的政治主张，尊重少数民族习惯，宣传民族平等，这都为后续工作的顺利开展做好了铺垫。

当地彝族果基（沽鸡）家支的首领小叶丹，出身于黑彝贵族家庭，其家族在当地有很强的号召力，小叶丹熟知彝族习俗，做事公道，在族内有很高声望。民族间的长久隔阂毕竟不能瞬间消除，但是在对红军的探查中，小叶丹发现这支队伍尊重民族习惯不扰民，部队作风与国民党军队大有不同，逐渐打消疑虑，主动与红军联系，愿意歃血为盟。1935 年 5 月 22 日，先遣队司令员刘伯承与小叶丹在冕宁县城北面的彝海之畔按照彝族的习俗结为异姓兄弟，刘伯承代表红军授予小叶丹一面旗帜，即“中国夷民红军沽鸡支队”队旗，任命小叶丹为支队长。这一事件被称为“彝海结盟”。双方结盟当天红军先遣队开拔，小叶丹号召当地彝族为红军引路，使红军仅用不到十天时间就快速通过了凉山彝族地区，彻底粉碎了国民党困红军于凉山的阴谋。

红军走后，小叶丹一直小心保管着这面旗帜。1942 年，小叶丹被反动军阀收买的部族武装伏击身亡，这面旗帜便由其遗孀保管，国民党反动派与旧军阀一直在找寻旗帜的下落。“彝海结盟”之后，果基家支始终坚持反抗压迫，坚决守护旗帜，信守结盟誓言，守护彝族人民参加红军拥护党的信物。1950 年，中国人民解放军解放西昌，刘伯承嘱咐队伍抵达西昌后要赶快找到小叶丹，人民政府已经决定邀请小叶丹参加即将成立的西南军政委员会，但小叶丹此时已不在人世。小叶丹的遗孀和弟弟将这面象征民族团结、见证革命历史的旗帜交给了刘伯承派来的解放军干部手里。

1985 年，“彝海结盟”五十周年之际，凉山州在西昌市中心建立了大型塑像，1995 年，在彝海边建立了“彝海结盟纪念碑”，他们和这面队旗一起诉说着民族团结、救国救民的革命佳话。

参考文献

[1] 陈国光：《彝海结盟：永远的历史丰碑》，《中国民族》2004 年第 3 期。

[2] 巴莫尔哈：《一座民族团结的历史丰碑——“彝海结盟纪念碑”落成始末》，《军事历史》2010 年第 3 期。

[3] 王友富：《论长征时期党和红军在民族地区创建的政权与武装》，《黑龙江民族丛刊》2020 年第 5 期。

[4] 伍龙口述、杨静整理：《小叶丹一家四代的家国情怀》，《炎黄春秋》2021年第6期。

[5] 宋飞扬、李后卿：《红军在凉山彝族地区传播马克思主义研究》，《毛泽东思想研究》2022年第4期。

九十七
马本斋使用过的砍刀

卢沟桥事变爆发后，马本斋在家乡组织回民抗日义勇队，后被改编为八路军第三纵队回民支队，奋起抵抗日军侵略。马本斋作战勇猛，身先士卒，打得日伪军闻风丧胆，被毛泽东称为“百战百胜的回民支队”。

1902 年，马本斋出生在河北献县的贫苦回族农民家庭，他自幼跟随父母操持农务。十余岁时，马本斋的家乡遭遇天灾，为了一家生计，他跟随父亲背井离乡，去往张家口谋生，此后又辗转北京、天津、山东等地。此时正值五四运动之后，各地掀起颇多爱国运动，马本斋目睹了这些学潮、工潮，又在艰难求生中看到太多贫苦人民被剥削欺凌的悲惨遭遇，这些经历都在他心中埋下了解救贫苦大众于水火的种子。

经河北老乡的介绍，马本斋在东北谋生期间加入了军阀张宗昌的部队，后又往东北讲武堂接受军事训练，在这里马本斋掌握了较为系统的军事知识。1929 年，刘珍年担任独立 21 师师长，马本斋任该部第 4 团团长，在此期间，马本斋通过刘的胞弟刘锡九结识了一些中共党员，这些交往更激励了他保家卫国、投身革命的热情。1931 年，九一八事变爆发，东北沦于日本人之手，马本斋不满蒋介石的不抵抗政策，辞官返回故里。

1937 年，日寇侵至马本斋故乡献县，马本斋大哥和许多村民都惨遭杀害。为报国恨家仇，在村小学老师高志轩（实为中共党员）的鼓舞下，马本斋在东辛庄的清真寺，集结了 70 余位村民，共同组成了抗日武装回民义勇军。这支队伍在马本斋的带领下取得了多次胜利，规模也逐步扩大。1938 年，马本斋加入了河北游击军，后来其所率队伍最终被改编为冀中军区回民教导总队，马本斋任总队长，于同年 10 月加入中国共产党。此后，回民教导总队又被改编为八路军第三纵队回民支队，由马本斋任司令员，这极大鼓舞了战士们的士气。这支队伍也不负党的信任，紧密团结群众，形成了一套伏击战术，有效打击了日寇在冀中地区的扫荡与屠杀。

马本斋所领导的回民支队对敌人造成了沉重打击，这也引起了日本侵略者的报复。1941 年，驻扎在河间的日军妄图通过抓走马本斋的母亲白文冠，达到胁迫马本斋的目的。白文冠起初在老乡的保护下逃出村子，但不忍日军严刑拷打村民，挺身而出。虽然在狱中受尽酷刑，仍不肯劝降马本斋，最终英勇就义。马母殉国的消息受到冀中军区司令员吕正操等人的高度关切，电令全区普遍哀悼，表彰白文冠的民族大义。

此后随着日军在河北地区的侵略不断深入，马本斋带领队伍辗转进入鲁北，在敌后开展游击战争，摧毁多个敌军据点。然而在 1944 年春天，马本斋病倒了，虽然被送往后方医院，但是最终因抢救无效而去世，未能与回民支队的战士们一起前往延安。

马本斋逝世后，毛泽东致挽词："马本斋同志不死。"周恩来致挽词："民族英雄，吾党战士。"朱德挽词："壮志难移回汉各族模范，大节不死母子两代英雄！"如今在马本斋的家乡河北献县，马本斋烈士纪念馆巍然矗立，为人们讲述着全民族团结抗日的英雄诗篇。

参考文献

[1] 程龙：《马本斋和他领导的回民支队》，《党史博采》2001 年第 3 期。
[2] 纪连海：《马本斋与抗日战争》，《河北广播电视大学学报》2012 年第 2 期。
[3] 郭曜辉、蒋国栋：《马本斋：民族英雄、吾党战士》，《党史博采》2020 年第 12 期。

九十八
滇缅公路筑路歌碑

该碑 1995 年在云南大理永平县旧官衙处出土，为青石质，长 133 厘米，宽 80 厘米，厚 5.5 厘米，直书行书，十三行，共 352 字，碑文末尾有“中华民国廿八年春录刻滇缅公路纪念歌，鹤庆王锡光谨识”。碑文采用歌诀的形式，用平实的语言叙述滇缅公路的修筑、云南人民的贡献，具有很高的历史价值。

碑文部分内容如下:“修公路，大建树。凿山坡，就坦途；造桥梁，利济渡。裹粮携锄怒江边，那〔哪〕管老弱与妇孺。龙永派工各一万，有如蚂蚁搬泰山。蛮烟瘴雨日复日，餐风饮露谁偷闲……民众力量真魁巍，前方流血后方汗。不是公路是血路，千万雄工中外赞……东洋倭祸已深入，封我港口占我疆。君不见，兽兵到处嗜屠戮，华北华南备耻辱。又不见，华中华东成焦土，牛马奴隶俎上肉……努力打开生命路，出海通达印度洋……最后胜利确把握，驱逐强盗国土复。还我山河武穆志，坚定信念兴民族。”

永平县地处“博南古道”，是四川、云南通往东南亚、南亚的重要通道，在历史发展过程中产生过深远影响。抗日战争爆发后，日本侵略者占领了大片中国领土，沿海港口相继沦陷，中国对外交通几乎断绝。在这样危急的情况下，南京国民政府同意云南省主席龙云提出的修筑滇缅公路和铁路计划，确保西南大后方对外交通的畅通。位于抗战大后方的永平，因此很快成为前沿防线，作为重要的军事运输线。

滇缅公路起于云南昆明，止于缅甸腊戌，全长 1146.1 公里，中国境内有 959.4 公里，中国境内的公路以大理为界，分为东西两段，其中东段早在 1920 年就已通车，抗战爆发后主要修筑的是西段。但由于施工路段地处澜沧江断裂带，地势复杂，山势陡峭，加上当时生产力水平低下，参加筑路的民众只能自带口粮，使用锄头、凿子、铁锹等农耕工具，利用焚烧淬石、拖滚石碾、肩挑手扛等传统手段，艰难地完成了任务。此后，永平人民又投入到防空炮台建设、滇缅公路加铺柏油路面的工作中。据相关记载，滇缅公路修筑死亡两三千人，伤残者万余人，这条公路与缅甸中央铁路相连，直接贯通缅甸仰光港口，保障了抗战物资的供应。

立碑人是王锡光，时任永平县县长，负责完成当地的筑路任务，在当地民众的全力支持和付出下，永平县完成了任务，王锡光亲自作纪念歌，刻成石碑，纪念这段没有硝烟的血色岁月。这条公路的建设，凝聚着沿线各族人民的血汗，保障了西南大后方的稳定，为抗日战争的胜利做出了重要贡献。

参考文献

[1] 马杨武：《修筑滇缅公路纪念歌》，《云南文史丛刊》2000 年第 3 期。

[2] 张继强：《古道长歌》，《中国公路》2013 年第 24 期。

[3] 华林、高俊、刘凌慧子：《基于档案文献的滇西民众修建滇缅公路贡献研究》，《中国档案研究》2020 年第 2 期。

九十九
新疆各族人民烈士纪念碑

烈士纪念碑位于新疆乌鲁木齐市人民公园西南角，占地约484平方米，建成于1956年，是为纪念陈潭秋、毛泽民、林基路、阿合买提江·哈斯木、阿不都克里木·阿巴索夫等革命先烈和爱国志士而建。碑为汉白玉质，由碑座和碑身组成，碑座为须弥座式，平面为正方形，边长35米，四周有护栏。碑身高8米，正面有毛泽东主席的题字："共产主义是不可抗御的，星星之火，可以燎原，死难烈士万岁！"其他三面分别用维吾尔、哈萨克、蒙古三种文字刻着相同的内容，碑身下部四周镶嵌仿汉白玉的花圈。1962年，新疆各族人民烈士纪念碑被列为新疆维吾尔自治区文物保护单位。

20 世纪 30 年代，中国共产党派遣了大批共产党人到新疆，以陈潭秋、毛泽民、林基路为代表的共产党人，在不同岗位努力为新疆各族人民谋幸福。在一些进步青年的影响和苏联的帮助下，新疆总督盛世才于 1936 年形成了“反帝、亲苏、民平、清廉、和平、建设”的“六大政策”。1937 年卢沟桥事变后，全面抗战爆发，中国共产党积极团结一切力量共同抗日，在新疆与盛世才形成抗日民族统一战线。随后，中国共产党在迪化（今乌鲁木齐）设立八路军办事处，并派遣 100 多位党员到新疆工作，开展抗日救国运动。

1941 年德国法西斯发动侵略苏联的战争，盛世才见风使舵，公开投靠蒋介石，抛弃六大政策，与苏联和中国共产党对抗。盛世才在新疆制造“四 · 一二阴谋暴动案”，先后逮捕在新疆工作的共产党人及其家属 150 余人，并对他们进行了残酷的审讯折磨。虽然受尽酷刑，但共产党人意志坚定，宁死不屈，始终未曾向敌人透露任何信息。1943 年 9 月 27 日，陈潭秋、毛泽民、林基路在监狱中被秘密杀害。

1944 年，蒋介石重新派遣吴忠信担任新疆省长，并让马步芳派军驻扎新疆各地，进行武装平叛。同时，以阿合买提江 · 哈斯木、阿不都克里木 · 阿巴索夫为代表的进步分子，对艾力汗 · 吐烈为首的新疆三区内部民族分裂势力破坏祖国统一、民族团结的言行，予以了坚决反对，并向新疆三区干部群众进行维护祖国统一、民族团结的教育，积极宣传中国共产党的主张和人民解放战争的形势。

新疆自古以来就是多民族的交流融合之地，纪念碑是新疆各民族团结一致，浴血奋战，共同为新疆人民的自由民主解放而奉献牺牲的见证。纪念碑位于乌鲁木齐市中心，四周松柏苍翠，庄严肃穆，每年的清明节，各族人民都会到此举行纪念活动，缅怀革命先辈的光荣事迹。

参考文献

[1] 新华社：《“新疆各民族革命烈士纪念碑”开工兴建》，《文物参考资料》1955年第12期。

[2] 新疆维吾尔自治区文物局编：《新疆维吾尔自治区第三次全国文物普查成果集成·新疆近现代重要史迹及代表性建筑》，北京：科学出版社，2011年。

[3] 冯霞、蔡杰华：《新疆各族人民烈士纪念碑》，《新疆钱币》2016年第1期。

一百
民族团结誓词碑

在云南省普洱市宁洱县的民族团结纪念园中矗立着一座民族团结誓词碑。誓词碑的正文为："我们二十六种民族的代表，代表全普洱区各族同胞，慎重地于此举行了剽牛，喝了咒水，从此我们一心一德，团结到底，在中国共产党的领导下，誓为建设平等自由幸福的大家庭而奋斗！此誓。"正文下方是各代表用各民族文字写下的签名。这二十六种民族还是新中国成立初期未进行民族识别前，由与会代表自行登记的称谓。

普洱地处我国西南边陲，与缅甸、越南、老挝三国接壤，境内有多个民族聚居。少数民族曾长期受到阶级压迫，不同民族之间隔阂较深，发展水平也不平衡。在新中国成立之初，普洱专区的部分国界还未划分，少数民族跨境而居，国民党残部时常趁乱骚扰边疆，历史遗留下来的土司制度仍有残余，凡此种种皆是干扰普洱地区少数民族与中央政府关系、影响民族团结的不利因素。

基于少数民族众多的国情，1950 年，中央为了促进民族团结，决定从各民族中选派代表参加新中国成立后的第一个国庆观礼活动，云南代表在北京期间感受到了党和政府对少数民族同胞的关心与爱护，发现新中国的民族政策与旧社会相比发生了翻天覆地的变化，坚定了听党话、跟党走的决心。1950 年末，参加国庆活动的代表回到普洱，召开了普洱专区第一届兄弟民族代表会议。会后参会代表在宁洱红场尊重、参考了民族习俗，举行了剽牛、喝咒水的盟誓活动，又设立了这块民族团结誓词碑，召开了纪念大会。

普洱的各少数民族人民如佤族、傣族、拉祜族等，本就流传有互为兄弟的传说，这些传说寄托了民族团结的美好愿望，形成了一种天然的亲切感。而各民族长期杂居的客观条件，也使得民族间的经济交往与文化交流难以断绝。另外，长期以来当地各民族也有团结一致反抗封建主义、帝国主义的历史传统。

自新中国成立以来，党和政府便一直非常重视该地的民族问题，在团结当地群众抵抗敌对势力的同时，也在缓和与改善民族关系，坚决贯彻“慎重稳进”的方针，尊重民族习惯与文化，既团结和争取少数民族人士，又积极帮助少数民族发展生产，改善当地的物质条件，召开各族各界代表会议，以求就各类问题达成共识。这些都使得当地民族对党和政府由衷拥戴，也促成了这座誓词碑的落成。

誓词碑作为民族团结精神的历史记忆，落成 70 余年间受到边疆各民族的宣传。2000 年，誓词碑落成五十周年之际，当地政府将此碑迁入新建的“民族团结园”。2006 年，宁洱县将每年的 12 月 31 日定为“民族团结纪念日”，纪念这一历史性时刻。

普洱民族团结誓词碑是象征民族团结的一座不朽丰碑，它象征着新中国成立后，各族人民在中国共产党的领导下，一个崭新的社会主义民族关系的开始。它主题鲜明，所折射的民族团结精神不仅是云南边疆各民族团结进步的象征，也是中华民族大团结的缩影。

参考文献

[1] 黄桂枢：《论云南普洱“民族团结誓词”碑》，《民族研究》1994 年第 6 期。

[2] 张泽洪：《论民族团结誓词碑的宗教文化内涵》，《中南民族大学学报》（人文社会科学版）2013 年第 2 期。

[3] 白应华：《论普洱“民族团结誓词碑”建碑的历史必然性》，《普洱学院学报》2014 年第 2 期。

[4] 刀红梅：《记云南普洱民族团结誓词碑》，《文物鉴定与鉴赏》2015 年第 3 期。